초등 문해력은 **어휘 글쓰기로 완성!**

바빠 초등

문해력 어휘 100

'좋다' 대신 **흡족하다**
'달리다' 대신 **내달리다**

1권

이지스에듀

지은이 | 오현선(라온오쌤)

오현선 선생님은 대학원에서 독서 논술을 전공하고, 어린이들과 함께 글을 읽고 쓰는 일을 꾸준히 하고 있습니다. 또한 전국 도서관과 학교에서 학부모 강연을 하면서 독서 교육의 진정성과 글쓰기의 즐거움을 전하고 있습니다. 독서 교사 세미나를 하며 독서 교육의 방향에 대해서도 항상 고민합니다.

지은 책으로는 《초등 미니 논술 일력 365》, 《우리 아이 독서 자립》, 《하루 10분 초등 신문》, 《술술 글쓰기 마법책 1~3》 외 다수가 있습니다.

어휘력이 부족해 어려움을 겪는 아이들을 위해 독서 교실에서 직접 아이들을 가르치며 쌓은 24년간의 노하우를 담아 《바빠 초등 문해력 어휘 100》 1, 2권을 집필했습니다.

블로그 blog.naver.com/few24
인스타그램 @raon_book_teacher
유튜브 www.youtube.com/@TV-qu9zz
라온북다움 카페 https://cafe.naver.com/laonbookdaoom

바쁜 친구들이 즐거워지는 빠른 학습법 - 바빠 초등 국어

바빠 촛등 문해력 어휘 100 ①권

초판 1쇄 발행 2024년 11월 15일
초판 2쇄 발행 2025년 1월 15일
지은이 오현선
발행인 이지연
펴낸곳 이지스퍼블리싱(주)
출판사 등록번호 제313-2010-123호
주소 서울시 마포구 잔다리로 109 이지스 빌딩 5층(우편번호 04003)
대표전화 02-325-1722   **팩스** 02-326-1723
이지스퍼블리싱 홈페이지 www.easyspub.com   **이지스에듀 카페** www.easysedu.co.kr
바빠 아지트 블로그 blog.naver.com/easyspub   **인스타그램** @easys_edu
페이스북 www.facebook.com/easyspub2014   **이메일** service@easyspub.co.kr

기획 및 책임 편집 정지연 | 이지혜, 박지연, 김현주   **교정 교열** 김혜영
표지 및 내지 디자인 김용남, 책돼지   **전산편집** 책돼지   **일러스트** 김학수   **인쇄** 보광문화사
영업 및 문의 이주동, 김요한(support@easyspub.co.kr)   **마케팅** 라혜주   **독자 지원** 박애림, 김수경

'빠독이'와 '이지스에듀'는 등록된 상표명입니다.
잘못된 책은 구입한 서점에서 바꿔 드립니다.
이 책에 실린 모든 내용, 디자인, 이미지, 편집 구성의 저작권은 이지스퍼블리싱(주)과 지은이에게 있습니다.
허락 없이 복제할 수 없습니다.

ISBN 979-11-6303-652-4-64710
ISBN 979-11-6303-651-7(세트)
가격 13,000원

• **이지스에듀**는 이지스퍼블리싱(주)의 교육 브랜드입니다.
  (이지스에듀는 학생들을 탈락시키지 않고 모두 목적지까지 데려가는 책을 만듭니다!)

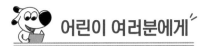 **어린이 여러분에게**

안녕하세요?

나는 어린이와 함께 책을 읽고 글을 쓰는 독서 선생님이에요. 어린이들과 만나 글을 읽고 쓰다 보면 어휘력이 부족해 어려움을 겪는 친구들을 종종 보게 돼요.

어떤 친구들이냐고요?

하고 싶은 말을 적절한 어휘로
표현하지 못하는 어린이

글을 끝까지
완성하지 못하는 어린이

모르는 어휘가 많아
독해를 못하는 어린이

어휘력이 부족해
교과서를 이해하지 못하는 어린이

이런 친구들의 어휘력을 어떻게 하면 길러 줄 수 있을까 고민하다가 이 책을 쓰게 되었어요. 이 책에서는 어휘를 무작정 외우며 공부하라고 하지 않아요. 한 단어씩 차근차근 읽고 쓰다 보면 어느새 그 어휘가 자기 것이 되도록 구성했어요. 자기가 직접 사용할 수 있어야 진짜 어휘력이 자라니까요.

어휘력을 키우는 일은 말과 글을 이해하고 표현하는 데 필요한 보물을 얻는 것과도 같아요. 자기만의 멋진 보물을 쌓아 간다는 생각으로 한 장씩 공부해 보세요.
이 책을 다 끝낼 때쯤이면 어느새 어휘력이 쑥 자라 있을 거예요.

오현선 선생님이.

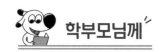 학부모님께

초등 문해력은 어휘 글쓰기로 완성한다!

바빠 초등 문해력 어휘 100

교과서를 이해하는 힘, 어휘력

초등 교과서의 상당 부분이 개념을 설명하는 글로 이루어져 있습니다. 이러한 글을 제대로 이해하기 위해 가장 먼저 필요한 것이 바로 어휘력입니다. 학습 용어뿐만 아니라 설명에 쓰인 어휘를 읽고 이해하지 못하면 공부가 어려울 수밖에 없습니다.

어휘력을 키우는 방법
= 꾸준한 대화와 독서
+ 어휘 교재 학습

문제는 어휘력을 키우기가 쉽지 않다는 점입니다. 어휘력은 태어날 때부터 부모와 나누는 대화를 통해 발달하는 언어 능력의 일부입니다. 또한, 독서도 어휘력을 키우는 중요한 요소입니다. 하지만 요즘 초등학생들이 이 두 가지를 꾸준히 이어가는 것은 쉽지 않습니다.

이러한 상황에서 **가장 현실적인 방법은 교재를 활용해 필수 어휘를 학습하는 것입니다.** 부모와 나누는 대화나 독서가 자연스럽게 어휘를 익히는 '암묵적 학습'이라면, 어휘 교재를 통한 학습은 어휘를 명확하게 배우는 '명시적 학습'이라고 할 수 있습니다. 이러한 명시적인 학습이 뒤따라야 어휘력 향상이 빨라집니다.

표현력이 달라집니다!
'좋다'보다는 '흡족하다'
'달리다'보다는 '내달리다'

이 책에서는 생각의 폭을 넓히고 글을 더 풍성하게 만들어 주는 어휘를 다룹니다. 예를 들면 우리가 흔히 사용하는 단어인 '좋다'보다는 '흡족하다'가 내 마음 상태를 더 정확하게 표현해 줍니다. 또, '달리다'보다는 '내달리다'가 힘찬 느낌을 좀 더 생생하게 전달합니다. 이처럼 **어휘를 얼마나 잘 아느냐에 따라 말과 글을 표현하는 능력이 크게 달라집니다.**

또한 이 책은 이러한 어휘의 다양한 활용형까지 알려주어, 상황에 맞게 정확한 어휘를 사용하도록 도와줍니다.

4가지 품사별로
다양한 어휘를 다루었어요!

**공부가 꼭 필요한
추상 명사까지
담았습니다!**

명사에는 구체 명사와 추상 명사가 있습니다. 추상 명사는 눈에 보이지 않거나 손으로 만질 수 없는 것을 나타내기 때문에, 따로 공부하지 않으면 단어를 익히기 어렵습니다. 예를 들어, '시절', '일생', '눈치' 같은 단어들은 그 뜻을 배우고 나서야, 그 단어가 쓰인 글을 제대로 이해할 수 있고, 또 그 단어를 활용해서 자신의 생각을 담은 글로 표현할 수 있게 됩니다.

이 책을 통해 의미는 알지만 정확하게 알지 못했던 추상 명사들을 익혀 보세요.

**어휘 글쓰기로
진짜 '내 어휘'를
만듭니다!**

어휘를 효과적으로 습득하기 위해서는 그 어휘가 실제로 사용되는 맥락을 알고, 그 안에서 자연스럽게 사용하는 방법을 배워야 합니다. 단순히 어휘의 뜻을 반복해서 읽는다고 어휘를 제대로 익힐 수 없습니다. 또한, 어휘의 다양한 활용형을 알아야 어색하지 않고 자연스럽게 사용할 수 있습니다. 가장 중요한 것은 어휘를 실제로 사용해 보는 것입니다. 어휘를 사용할 때 자신의 경험을 떠올려 글로 표현해 봐야 진짜 '내 어휘'로 만들 수 있습니다.

아이들이 《바빠 초등 문해력 어휘 100》1, 2권으로 부담없이 어휘를 익히고 글쓰기까지 할 수 있게 도와주세요. 이 책이 끝날 무렵에는 어휘력이 크게 자라 있을 것입니다. 일상에서 대화와 독서를 함께하는 것도 잊지 말고 꼭 챙겨 주세요!

이 책을 효과적으로 공부하는 방법

같이
읽어 볼까?

이 책은 소리 내어 읽으며 공부하면 효과적이에요!
소리 내어 읽으면 내용을 정독하게 되고, 머릿속에 저장되어 학습 효과가 커져요!

오늘의 단어
01

갖추다

있어야 할 것을 잘 가지고 있는 것을 말해요. 필요한 태도나 자세를 가지다라는 뜻으로 쓰기도 해요.

● 겨울엔 옷을 따뜻하게 갖추어 입는 게 좋아.
● 예의 바른 태도를 갖추는 아이가 되자.

0. 오늘의 단어 뜻 알기

오늘 배울 단어의 뜻을 먼저 읽어 보세요. 아이들이 쉽게 읽고 이해할 수 있도록 단어의 뜻을 풀어 썼어요. 또 예문을 읽으며 그 단어가 어떻게 쓰이는지도 함께 파악해 보세요.

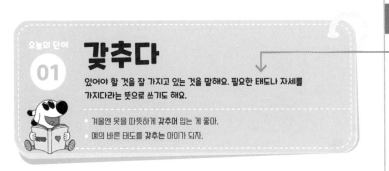

갖추니

갖추어야

갖추다

갖추면

갖춘

1. 변신 단어 알아 두기

오늘의 단어는 문장 속에서 알맞은 형태로 변신해요. 단어가 어떻게 변하는지 살펴보세요.

둘 중 더 자연스러운 단어에 ○표를 하세요.

❶ 이사하고 살림까지 다 갖추면 (갖추니) 엄마가 좋아하셨다.

❷ 수업 시간에는 바른 태도를 갖추어야 / 갖추니 한다.

❸ 준비물을 잘 갖추면 갖춘 걱정이 없다.

❹ 용기를 갖춘 갖추고 사람은 어디서든 씩씩하다.

2. 알맞은 단어 고르기

변신 단어 두 개 중 어떤 것이 문장에 알맞은지 골라 보세요. 단어가 문장 안에서 어떻게 쓰이는지 느낄 수 있어요!

수학 시간에 답을 잘못 썼는데 지우개가 없었다. 그래서

옆자리 친구에게 빌렸다. 다음부터 준비물을 잘

갖추고 다녀야겠다.

3. 친구가 쓴 글 읽어 보기

친구들은 이 어휘와 관련해 어떤
경험을 했을까요? 친구들이 쓴 글을
먼저 읽어 보세요.

---

1 준비를 잘 갖추어서 잘해 낸 경험이 있다면 써 봐요.

국어 시간에 발표할 준비를 미리 해 두어서 잘해 낼 수 있

었다.

💡 달리기 대회, 영어 말하기 대회, 학교 수업 발표, 학원 시험 ←

> 무슨 내용을 써야 할지
> 생각나지 않으면 아래 예시를
> 활용해서 써 봐요.

4. 오늘의 단어를 활용한 글쓰기

오늘의 단어를 자기 것으로 만들려면
직접 써 봐야 해요. 어휘와 연관된
자신의 경험을 떠올리며 문장을 써
보세요.

5. 모아서 복습하기

각 마당이 끝나면 '오늘의 단어'를
모아서 모두 기억하고 있는지
확인하는 문제를 풀어 보세요.
헷갈리는 단어가 있으면 표시해 두고,
앞으로 돌아가서 복습하세요.

이 책으로 지도하는 부모님, 이렇게 도와주세요!

✚ 쓴 글은 다시 한 번 읽어 보도록 지도해 주세요.
✚ 아이가 쓴 글을 보고 이야기를 나누어 주세요. 예를 들면 '이 문장이 그래
   서 ~하다는 뜻이야?'처럼 궁금한 점을 물으면 된답니다.

 차례

바빠 초등 문해력 어휘 100 (1권)

☆3학년은 하루에 한 단어씩, 4~5학년은 하루에 두 단어씩 공부하세요!
변신 단어도 익히는 것을 잊지 마세요!

바빠 초등 문해력 어휘 100 ②권 〔어휘 미리보기〕

첫째 마당	08 고대하다	둘째 마당	23 무례하다	셋째 마당	38 또래	45 마땅히
01 들뜨다	09 예견하다	16 공교롭다	24 냉정하다	31 삶	39 곤경	46 기꺼이
02 응시하다	10 가늠하다	17 담대하다	25 절박하다	32 식성	40 강점	47 나날이
03 발휘하다	11 거역하다	18 능숙하다	26 강인하다	33 맞은편	넷째 마당	48 도무지
04 야위다	12 미적대다	19 엄숙하다	27 거뜬하다	34 이듬해	41 오로지	49 부디
05 주저하다	13 서성이다	20 의아하다	28 영민하다	35 글피	42 어렴풋이	50 상당히
06 붐비다	14 머무르다	21 경솔하다	29 공정하다	36 열대야	43 문득	
07 격려하다	15 탐나다	22 검소하다	30 드물다	37 갈등	44 기어이	

라온오쌤의 쪽지

안녕, 친구들!

우리 주위의 많은 것들은 지금 이 순간에도 숨 쉬며 움직이고 있어요. 하늘의 해는 매일 '저

물고', 아침이면 '꾸물거리며' 학교에 갈 준비를 하는 친구도 있지요? 이렇게 어떤 것의 움

직임을 표현하는 말은 다양하게 변신해요. '거닐다'가 '거니는', '거닐면'으로 바뀌는 것처럼

요. 그래야 여러 가지 움직임을 자유롭게 표현할 수 있거든요. 움직임을 표현하는 말을 배

우다 보면 주위를 더 자세히 살펴보게 될 거예요. 계속 움직이는 여러분의 마음과 생각도 들

여다봐 주세요.

움직임을 표현하는 말

01 갖추다	**02** 거닐다	**03** 거들다	**04** 감격하다	**05** 꾸물거리다
06 허기지다	**07** 겨루다	**08** 저물다	**09** 외면하다	**10** 활약하다
11 인내하다	**12** 재촉하다	**13** 이동하다	**14** 내달리다	**15** 허용하다

오늘의 단어

01 갖추다

있어야 할 것을 잘 가지고 있는 것을 말해요. 필요한 태도나 자세를
가지다라는 뜻으로 쓰기도 해요.

- 겨울엔 옷을 따뜻하게 **갖추어** 입는 게 좋아.
- 예의 바른 태도를 **갖추는** 아이가 되자.

---

1 변신 단어
알아 두기

갖추니		갖추어야
갖추면	**갖추다**	갖춘

---

2 알맞은 단어
고르기

둘 중 더 자연스러운 단어에 ○표를 하세요.

❶ 이사하고 살림까지 다 　갖추면　(갖추니)　엄마가 좋아하셨다.

❷ 수업 시간에는 바른 태도를 　갖추어야 / 갖추니　한다.

❸ 준비물을 잘 　갖추면 / 갖춘　걱정이 없다.

❹ 용기를 　갖춘 / 갖추고　사람은 어디서든 씩씩하다.

어휘력
쑥쑥

'갖다'와 '갖추다'는 헷갈리기 쉬운 단어예요. 어떤 것을 단순히 가지는 것은 '갖다', 어떤 기준에 따라
잘 준비하는 것은 '갖추다'라고 해요.

▶ 나는 연필과 지우개를 많이 갖고 있어.
▶ 공부할 때는 연필과 지우개를 꼭 갖추어야 해.

3 친구가 쓴 글
읽어 보기

수학 시간에 답을 잘못 썼는데 지우개가 없었다. 그래서 옆자리 친구에게 빌렸다. 다음부터 준비물을 잘 갖추고 다녀야겠다.

4 오늘의 단어를
활용한 글쓰기

1 준비를 잘 갖추어서 잘해 낸 경험이 있다면 써 봐요.

국어 시간에 발표할 준비를 미리 해 두어서 잘해 낼 수 있었다.

💡 달리기 대회, 영어 말하기 대회, 학교 수업 발표, 학원 시험

2 그랬더니 무엇이 좋았어요? 또는 어떤 기분이 들었나요?

💡 실수하지 않은 것, 칭찬받은 것, 친구들에게 박수를 받은 것, 좋았다, 뿌듯했다

3 앞으로는 어떻게 하고 싶어요?

💡 준비를 더 잘한다, 준비물을 미리 챙긴다, 차근차근 진행한다

📧 지도하는 학부모님께

모든 것을 완벽하게 갖춘 사람은 없습니다. 아이의 글을 있는 그대로 봐 주고, 읽어 주는 건 어떨까요? 사랑이 가득한 마음을 갖춘 채로요.

02

거닐다

멀지 않은 곳을 이리저리 여유롭게 걷는 것을 말해요.

- 저녁을 먹고 나면 나는 집 앞에 있는 공원을 **거닐어**.
- 우울하면 꽃밭을 **거닐어** 봐. 기분이 좋아질 거야.

1 변신 단어 알아 두기

거닐다가

거닐다

거닐던

거닐면

거니는

2 알맞은 단어 고르기

둘 중 더 자연스러운 단어에 ○표를 하세요.

① 공원을 거니니까 거닐다가 담임 선생님을 만나서 인사했다.

② 꽃밭을 거닐던 / 거닐어서 엄마가 뒤를 돌아보며 웃으셨다.

③ 날씨가 더울 때 강변을 거닐면 / 거니는 시원해서 좋다.

④ 한가롭게 길을 거니는 거닐면 사람들을 보면 왠지 평화롭다.

어휘력 쏙쏙

'거닐다'라는 단어를 보거나 들으면 여유를 즐기며 걷는 모습이 떠올라요. 비슷한 말인 '걷다'와 느낌이 조금 다르지요? 여러분은 '걸을' 때가 많은지, '거닐' 때가 많은지 한번 생각해 보세요.

▶ 멀리까지 가야 하니 걷다가 중간에 잠깐 쉬어야겠어.
▶ 우리 엄마는 걷는 것도 운동이라며 자주 걸어 다니셔.

3 **친구가 쓴 글** **읽어 보기**

> 저녁을 먹고 나면 우리 가족은 공원을 거닌다. 천천히 공원을
>
> 한 바퀴 돌다 보면, 소화가 잘되고 기분도
>
> 상쾌해진다.

4 **오늘의 단어를** **활용한 글쓰기**

1 어딘가를 거닐어 본 경험을 써 봐요.

_____

_____

💡 공원, 바닷가, 우리 동네, 시장, 집 앞, 학교 근처, 산책로

2 그곳을 거닐었던 이유는 뭐예요?

_____

_____

💡 산책하느라고, 심심해서, 그냥 걷고 싶어서, 엄마가 걷자고 해서, 천천히 구경하려고

3 천천히 거니는 기분은 어떤가요?

_____

_____

💡 시원하다, 선선해서 좋다, 상쾌하다, 여유롭다, 별다른 느낌이 없다

열심히 글을 쓴 친구에게 ✉ -

이 아름다운 세상을 천천히 거닐며 즐기듯, 여러분이 쓴 글을 나중에 천천히 읽어 보세요. 기분이 좋아지기도 하고, 웃음이
나기도 할 거예요.

15

거들다

다른 사람이 하는 일을 함께 하면서 돕는 것을 말해요. 다른 사람의 말이나
행동에 끼어들어 참견하는 것을 말하기도 해요.

- 나는 엄마가 청소하실 때 가끔 **거들어** 드려.
- 동생이 혼날 때 한마디 **거들었다가** 나도 혼났어.

1 변신 단어
알아 두기

거들고

거들면

거들다

거들다가

거들었다

2 알맞은 단어
고르기

둘 중 더 자연스러운 단어에 ○표를 하세요.

❶ 친구가 억울한 일을 당하자 다들 한마디씩   거들어서   거들고
나섰다.

❷ 친구 일을   거들다가 / 거드니까   잘못하면 오히려 사이가 나빠
지기도 한다.

❸ 친구들이 싸울 땐 옆에서   거들면 / 거들어서   안 된다.

❹ 나는 지난 주말에 할머니 댁에서 농사를   거들다 / 거들었다 .

어휘력
쏙쏙

'거들다'와 비슷한 말로 '돕다'가 있어요. '거들다'는 단순히 일을 돕는 것이 아니라, 다른 사람의
말과 행동에 참견하는 것도 포함해요.

▶ 남을 돕는 일은 생각보다 쉬운 일이 아니야.

3 친구가 쓴 글
읽어 보기

주말에 할머니 댁에 다녀왔다. 할머니는 농사를 짓느라 항상 바쁘시다. 오늘은 우리 가족이 옆에서 **거들어서** 일이 빨리 끝났다. 일을 마친 뒤 다 함께 국수를 맛있게 먹었다.

4 오늘의 단어를
활용한 글쓰기

1 다른 사람의 일을 거들어 본 경험을 써 봐요.

_____

_____

💡 집안일, 동생 숙제, 엄마 심부름, 선생님이 하시는 일, 친구가 하는 일

2 어떻게 거들었는지 좀 더 자세히 써 볼까요?

_____

_____

💡 물어보며 했다, 하라는 대로 했다, 그냥 했다, 열심히 했다, 눈치껏 했다

3 그때 했던 생각이나 느낌을 써 봐요.

_____

_____

💡 뿌듯했다, 힘들었다, 또 하고 싶었다, 재밌었다, 신기했다

✉ 지도하는 학부모님께 -

아이는 세상을 향해 한창 자라나는 중이라 어른의 도움이 꼭 필요해요. 자기 생각이나 마음을 글로 쓰는 건 아이에게 아직 어려운 일이랍니다. 곁에서 조금만 거들어 주셔도 힘이 날 거예요.

감격하다

04

마음에 감동이 매우 크거나, 상대방에게 고마움을 크게 느끼는 것을 말해요.

- 어제저녁에 하늘을 보는데 노을이 얼마나 아름다운지! 정말 **감격했어.**
- 상을 받고 **감격해서** 펑펑 울었지 뭐야.

1 변신 단어 알아 두기

감격하고   감격하는

감격하다

감격해서   감격했다

2 알맞은 단어 고르기 둘 중 더 자연스러운 단어에 ○표를 하세요.

❶ 작은 일에도   감격하면   감격하고   감사할 줄 안다면 행복해질 것이다.

❷ 처음 보는 멋진 광경에 모두 [감격하면 / 감격하는] 모습이었다.

❸ 친구는 내가 준 선물에 [감격해서 / 감격하니] 어쩔 줄 몰라 했다.

❹ 내가 세상에서 가장 소중하다는 아빠의 말씀에

[감격하니까   감격했다].

어휘력 쏙쏙

'감동 받다'나 '감명 받다'라는 말을 들어 보았나요? '감격하다'와 비슷하게 쓰이는 말이에요.
여러분은 어떤 상황에서 감동 받거나 감명 받았는지 떠올려 보세요.

▶ 영화를 봤는데 주인공이 너무 멋있어서 감동 받았어.

▶ 이순신 장군 이야기를 읽고 감명 받아서 나도 훌륭한 사람이 되고 싶어졌어.

몸이 아파서 하루 종일 침대에만 누워있었다. 엄마가 내 옆에

앉아서 계속 책을 읽어 주셨다. 아픈 나를 곁에서

계속 돌봐 주신 엄마에게 **감격했다.**

1 어떤 일에 감격했나요?

_____

_____

💡 피아노 콩쿠르에서 상을 받았을 때, 동생이 태어났을 때, 친구가 위로해 주었을 때,
아빠가 칭찬해 주셨을 때, 누군가 내 마음을 알아주었을 때

2 그때 어떤 말이나 생각을 했어요?

_____

_____

💡 고맙다, 감사하다, 행복하다, 감동이다, 기쁘다, 눈물이 날 것 같다

3 뭔가에 자주 감격하면 어떤 점이 좋을까요?

_____

_____

💡 마음이 따뜻해진다, 기분이 좋아진다, 매일 행복하다, 모든 것이 감사하다, 주변 사람도 행복해진다

지도하는 학부모님께 ✉ -

세상에 태어난 아이와 처음 마주했을 때의 마음을 기억하시나요? 감격했던 그 순간을 잊지 않는다면, 아이와 함께하는
매 순간이 소중하고 사랑스러울 거예요. 아이가 또박또박 눌러쓴 한 문장, 두 문장의 글마저도요.

꾸물거리다

게으르고 매우 느릿하게 행동하는 것을 말해요.

- 어떤 일은 하기 싫어서 자꾸 **꾸물거리게** 돼.
- **꾸물거리다가** 결국 숙제를 못 했어.

1 변신 단어 알아 두기

꾸물거려

꾸물거리지

꾸물거리다

꾸물거리니

꾸물거리면

2 알맞은 단어 고르기

둘 중 더 자연스러운 단어에 ○표를 하세요.

❶ 내가 너무 꾸물거려 꾸물거리고   온 가족이 기차를 놓쳤다.

❷ 외출 준비를 하는데 자꾸 꾸물거리니 / 꾸물거리고 아빠가
서두르라고 재촉하셨다.

❸ 꾸물거리지 / 꾸물거리면 말고 얼른 나오너라.

❹ 하는 일마다 꾸물거리면 꾸물거렸던 늦는 게 습관이 된다.

어휘력 쏙쏙

뭔가 하기 싫어서 꾸물거리며 시간을 끌 때 '미적거리다', '미적대다'라는 표현을 쓰기도 해요.
여러분은 언제 미적거리거나 미적대는지 떠올려 보세요.

▶ 혼날 때 제대로 대답하지 않고 미적거리면 더 혼나.
▶ 여행 전날이라 짐을 싸야 하는데 미적대다 늦게 잠들었지 뭐야.

나는 수학 문제를 푸는 게 너무 어렵고 하기 싫다. 그래서 자꾸만 **꾸물거리게** 된다. 수학을 왜 공부해야 하는지 정말 모르겠다. 계속 **꾸물거리다가** 다른 숙제도 못 할 때가 많다.

영뚱이 이야기

4 오늘의 단어를
활용한 **글쓰기**

1 어떤 일을 할 때 자꾸만 꾸물거리는지 써 봐요.

💡 숙제하기, 글쓰기, 학원 가기, 밥 먹기, 씻기, 내 방 청소하기

2 자꾸만 꾸물거리는 이유는 무엇일까요?

💡 나도 모르게, 그냥, 하기 싫어서, 습관이라서, 딴생각이 들어서

3 꾸물거린 결과, 어떻게 되었나요?

💡 다른 숙제를 못 했다, 선생님께 혼났다, 학원에 지각했다

🏷️ 지도하는 학부모님께 ✉️ -

글을 쓰기 전에 혹시 아이가 꾸물거리더라도 재촉하지 마세요. 글을 쓰려면 그 전에 생각을 많이 해야 하는데, 그 모습이 마치 꾸물거리는 것처럼 보일 수도 있거든요.

허기지다

06

많이 굶어서 기운이 없는 것을 말해요. 뭔가를 간절히 바라는 마음이 생기는 것을 뜻하기도 해요.

- 너무 **허기져서** 금방이라도 쓰러질 것 같아.
- 배움에 **허기진** 사람은 누가 시키지 않아도 공부하기 마련이야.

1 **변신 단어**
알아 두기

허기져		허기지니

허기지다

허기지면		허기진

2 **알맞은 단어**
고르기

둘 중 더 자연스러운 단어에 ○표를 하세요.

❶ 우리 아빠는 어릴 때 공부에 허기져 허기지면 지금도 계속 공부하신다.

❷ 밥을 먹어도 돌아서면 허기진 / 허기지니 자꾸 먹게 된다.

❸ 밥을 제때 못 먹어서 허기지면 / 허기지지 기운이 없다.

❹ 사랑에 허기져 / 허기진 사람은 늘 외로움을 느낀다.

어휘력 쏙쏙

배고플 때 쓰는 말인 '배고프다'도 '허기지다'와 의미가 비슷해요. '배고프다'는 어떤 상황에서 사용하는지 알아봐요.

▶ 나는 아침에 눈을 뜨자마자 배고파서 밥부터 먹어.

▶ 너무 배고플 때는 물이라도 마시는 게 나아.

3 친구가 쓴 글 읽어 보기

길을 가다 담벼락 아래에 웅크린 고양이를 보았다. 무척 허기져 보였다. 물과 먹을 것을 가져다주었더니 허겁지겁 먹었다. 그 모습을 보니 무척 안쓰러웠다.

4 오늘의 단어를 활용한 글쓰기

1 밥을 못 먹어 허기졌던 경험이 있나요? 그런 경험이 없다면, 허기진 사람 또는 동물을 본 경험을 써 봐요.

_____

_____

💡 늦잠 자느라 밥을 못 먹고 학교에 가서, 급식을 부족하게 먹어서, 회사에서 늦게 퇴근한 아빠, 여행 중 식당을 못 찾은 우리 가족, 길에서 만난 바짝 마른 강아지

2 그럴 때 어떻게 했어요? 또는 어떻게 하면 좋을까요?

_____

_____

3 그렇게 하고 나면 어떻게 달라졌나요? 또는 어떻게 달라질까요?

_____

_____

지도하는 학부모님께 ✉

글을 쓰려면 먼저 생각의 허기짐을 채워야 해요. 아이가 좋은 책을 읽고, 부모님과 좋은 대화를 나누는 것이 그 시작이지요. 그래야 글이 쑥 나온답니다.

겨루다

07

서로 뭔가를 하며, 누가 잘하는지 가리는 것을 말해요.

- 친구와 나는 누가 더 잘 뛰나 **겨루었어.**
- 승부를 **겨루는** 스포츠는 항상 흥미진진해.

1 변신 단어 알아 두기

겨루어

겨루면

겨루다

겨루다가

겨루었다

2 알맞은 단어 고르기

둘 중 더 자연스러운 단어에 ○표를 하세요.

❶ 친구와 팔씨름을 | 겨루지만 　겨루어 | 내가 이겼다.

❷ 누가 더 힘센지 | 겨루다가 / 겨루고 | 잘못하면 싸울 수도 있다.

❸ 너와 내가 힘을 | 겨루면 / 겨루니 | 누가 이길까?

❹ 나는 강아지랑 누가 더 잘 뛰나 | 겨루었다 / 겨룰게 | .

어휘력 쏙쏙

'겨루다'와 비슷한 말로 '견주다'도 있어요. '견주다'는 맞서서 겨루는 것이 아니라, 둘 이상의 사물에 어떤 차이가 있는지 서로 대어 본다는 뜻이에요.

▶ 동생 키가 큰지, 내 키가 큰지 견주어 봐야겠어.
▶ 형과 견주기에는 내 실력이 부족해.

3 친구가 쓴 글 읽어 보기

아빠와 팔씨름을 했다. 아빠가 날 봐주느라 일부러 힘을 덜 주는 것 같았다. 어쨌든 아빠와 나 둘 중에서 누가 더 팔 힘이 센지 **겨루니까** 재밌었다.

4 오늘의 단어를 활용한 **글쓰기**

1 다른 사람과 겨루어 본 적이 있나요? 무엇을 겨루었는지 써 봐요.

_____

_____

💡 팔씨름, 힘, 성적, 퀴즈 실력, 달리기, 줄넘기

2 겨룰 때 힘든 점이나 조심할 점은 무엇일까요? 또는 잘 겨루는 방법을 써 봐요.

_____

_____

3 다른 사람과 뭔가를 겨루는 이유는 무엇일까요?

_____

_____

열심히 글을 쓴 친구에게 ✉ -

나 자신이 더 발전하기 위해서는 남과 겨루는 것도 가끔 필요해요. 하지만 이기고 지는 것에 너무 집중하진 마세요. 이기지 못해도 뭔가를 한다는 것은 그 자체로 소중하거든요. 글쓰기도 물론 그렇고요!

오늘의 단어

08

저물다

해가 져서 어두워지는 것을 말해요. 하나의 계절이나 한 해가 다 지나가는 것을 말하기도 해요.

- 하루가 **저물** 무렵에는 노을이 참 예뻐.
- 한 해가 **저물면** 새해가 찾아오지.

---

1 **변신 단어**
알아 두기

저물어		저물고

저물다

저무니		저문

---

2 **알맞은 단어**
고르기

둘 중 더 자연스러운 단어에 ○표를 하세요.

❶ 해가   저물던   저물어   사방이 어두워졌다.

❷ 산에서 내려오는데 날은 저물고 / 저문 엎친 데 덮친 격으로 비까지 내리기 시작했다.

❸ 올해가 저물 / 저무니 내년의 계획을 짜야겠다.

❹ 날이 저문 / 저물어도 길가에 가로등이 하나둘 켜졌다.

어휘력
쑥쑥

하루가 저무는 모습을 '해가 지다'라고 표현하기도 해요. 여러분은 '저물다'와 '해가 지다' 둘 중 어떤 표현이 더 좋은가요?

▶ 열심히 하루를 보내다 보면 어느새 해가 지고는 해.

▶ 해가 질 때면 별이 조금씩 모습을 드러내.

26

친구들과 축구를 하는데 날이 점점 저물었다. 하늘에 커튼을 친

듯 세상이 어둑해졌다. 우리는 더 놀지 못해

아쉬워하며 집으로 돌아갔다.

1 하루가 저물 때면 주변 풍경이 어떻게 바뀌나요?

_____

_____

💡 아름다워진다, 점점 어둑해진다, 은은해진다, 잔잔해진다

2 어둑어둑 저무는 하늘을 보면 기분이 어때요?

_____

_____

3 날이 저물 때면 무엇을 하고 싶어요?

_____

_____

지도하는 학부모님께 ✉ -

하루가 저물거나 한 해가 저무는 건 새로운 시작을 의미하기도 해요. 매일 새로워지는 아이의 말과 글을 놓치지 않으려는
마음으로 아이가 쓴 글을 봐 주세요. 부족해 보이기보다는 기특해 보일 거예요.

오늘의 단어 09

외면하다

마주치기 싫어서 얼굴을 돌리거나 못 본 체하는 것을 말해요. 어떤 사실이나 현실을 인정하기 싫어서 모르는 체하는 것을 말하기도 해요.

- 저번에 싸운 친구가 나를 보고도 **외면했어**.
- 읽어야 하는 책이 너무 두꺼워서 **외면하고** 싶어.

---

1 변신 단어 알아 두기

외면하고		외면하니
	외면하다	
외면하는		외면하면

2 알맞은 단어 고르기

둘 중 더 자연스러운 단어에 ○표를 하세요.

❶ 친구와 나는 서로 | 외면하고   외면하니 | 지나갔다.

❷ 내가 한 실수를 | 외면할 / 외면하니 | 아주 잠깐 동안은 마음이 편했다.

❸ 한때는 친했는데 서로 | 외면하는 / 외면하여 | 사이가 되면 참 슬플 것 같다.

❹ 문제를 | 외면하면 / 외면하고 | 할수록 상황은 점점 더 심각해진다.

어휘력 쑥쑥

'외면하다'는 '피하다'로 바꾸어 쓸 수도 있어요. 외면하지 않고 똑바로 마주 보는 것은 '직시하다'라고 해요. 여러분은 무엇을 외면하고 싶은가요? 반대로 여러분이 직시해야 하는 것은 무엇인가요?

▶ 피구를 할 때 내 쪽으로 공이 날아와 얼른 피했어.

▶ 70점짜리 수학 시험지를 통해 내 수학 실력을 직시하니 기운이 쪽 빠졌어.

28

3 친구가 쓴 글 읽어 보기

어제 복도를 지나가는데 민희가 나를 불렀다. 며칠 전에 다투었는데, 벌써 다 까먹은 걸까? 나는 민희를 **외면하고** 그대로 지나쳤다. 그런데 곰곰이 생각하니 민희에게 미안했다. 내일 사과할 거다.

엉뚱이 이야기

4 오늘의 단어를 활용한 글쓰기

1 누군가를, 또는 어떤 일을 외면한 적이 있다면 써 봐요.

_____

_____

💡 엄마, 친구, 동생, 숙제, 공부, 책 읽기, 방 청소

2 왜 그랬는지 자세히 설명해 봐요.

_____

_____

3 비슷한 상황이 또 온다면 그때는 어떻게 할 것 같아요? 그 이유는요?

_____

_____

열심히 글을 쓴 친구에게 ✉

글을 썼다면 다시 한번 읽어 보는 게 좋아요. 조금 어색한 말이나 표현을 다듬을 수 있거든요. 글을 쓰고 나면 너무 힘들어서 여러분이 쓴 글을 외면하고 싶나요? 그렇다면 잠시 덮어 두었다가 나중에 봐도 괜찮아요!

활약하다

매우 힘차게 뛰어다니며 뭔가 해내는 것을 말해요.

● 이번 축구 대회에서 내가 **활약한** 거 봤어?
● 나는 임진왜란 때 **활약한** 이순신 장군을 가장 존경해.

1 변신 단어
알아 두기

활약하여

활약하는

활약하다

활약하고도

활약했던

2 알맞은 단어
고르기

둘 중 더 자연스러운 단어에 ○표를 하세요.

❶ 춤 대회에서 열심히   활약하여   활약하지만   우리 팀이 이겼다.

❷ 그렇게 열심히 | 활약하고도 / 활약하니 | 경기에 져서 너무
억울했다.

❸ 세계를 무대로 | 활약하는 / 활약하면 | 사람을 보면 부럽다.

❹ 우리 할아버지는 젊었을 때 씨름 선수로 | 활약하고   활약했던 |
이야기를 종종 들려주신다.

어휘력
쏙쏙

'활약하다'와 비슷한 말로 '활동하다'가 있어요. 몸을 움직여 행동하거나 어떤 일을 해내기 위해
힘쓰는 것을 말해요.

▶ 호랑이는 주로 밤에 활동해.

3 친구가 쓴 글 읽어 보기

운동회에서 모두 열심히 **활약하여** 우리 반이 1등을 차지했다.

달리기에서 1등을 한 친구도 있었고, 줄넘기에서 1등을 한 친구도

있었다. 선생님과 우리 반 친구들은 다 함께 기뻐했다.

엉뚱이 이야기

4 오늘의 단어를 활용한 글쓰기

1 여러분 혹은 누군가가 활약했던 일을 써 봐요.

💡 축구 경기, 영어 말하기 대회, 운동회, 올림픽 경기, 태권도 겨루기

2 어떻게 활약했는지 자세히 써 봐요.

3 그때 마음이 어땠나요? 또는 어떤 생각이 들었나요?

열심히 글을 쓴 친구에게 ✉ -

글을 쓰다 보면 여러분의 상상력과 창의력이 활약하는 순간을 경험할 수 있어요. 그게 바로 글쓰기의 매력이기도 하답니다.

31

인내하다

어려움이나 괴로움을 참고 이겨내는 것을 말해요.

- 어려운 일이 계속 찾아와도 **인내해야** 성공할 수 있어.
- 그때 화내지 않고 **인내해서** 참 다행이야.

1 변신 단어 알아 두기

인내하니		인내하면
인내할	인내하다	인내해야

2 알맞은 단어 고르기

둘 중 더 자연스러운 단어에 ○표를 하세요.

❶ 화가 나도 인내하는 인내하니 마음이 가라앉았다.

❷ 고통스러워도 [인내하면 / 인내하고] 좋은 날이 올 것이다.

❸ 선생님이 격려해 주신 덕분에 힘들어도 [인내한 / 인내할] 수 있었다.

❹ 힘든 일이 있어도 [인내할 / 인내해야] 성공할 수 있겠지?

어휘력 쏙쏙

'인내하다'와 비슷한 말로 '참다', '견디다' 등이 있어요. 여러분은 이 중에서 어떤 단어를 자주 사용하나요?

▶ 나는 음식을 앞에 두고 참는 게 가장 힘들어.
▶ 공부가 지겨워도 견디면 좋은 성적이 나올까?

학교 운동장에서 철봉에 매달리기를 했다. 팔이 너무 아파서

인내하는 게 쉽지 않았다. 하지만 꾹 참고 30초 동안

버텼더니 뭔가 뿌듯하고 힘이 더 세진 것 같았다.

엉뚱이 이야기

4 오늘의 단어를
활용한 글쓰기

1 어느 때 인내했는지 그 경험을 써 봐요.

_____

_____

💡 수업 시간에 졸릴 때, 스마트폰으로 게임하고 싶을 때, 화장실에서 지독한 냄새가 날 때, 덥거나 추울 때, 읽고 있는 책이 지루할 때

2 인내할 때 힘든 점은 무엇이었어요?

_____

_____

3 인내한 결과, 어떤 느낌이 들었나요?

_____

_____

열심히 글을 쓴 친구에게 ✉ ---------------------------------------

여러분은 가만히 앉아서 얼마나 오랫동안 공부할 수 있나요? 글쓰기도 인내할 줄 알아야 잘 쓸 수 있어요. 책상 앞에 오래 앉아 있는 힘을 길러 봐요.

재촉하다

어떤 일을 빨리하도록 조르는 것을 말해요.

- 가지고 싶은 것이 있더라도 당장 사 달라고 **재촉하면** 안 돼.
- 강아지가 빨리 산책하자고 **재촉하는** 듯 꼬리를 흔들었어.

1 변신 단어 알아 두기

재촉하니		재촉하지
	재촉하다	
재촉하는		재촉하면

2 알맞은 단어 고르기

둘 중 더 자연스러운 단어에 ○표를 하세요.

❶ 날이 더운데 친구가 빨리 걸으라고 재촉하니   재촉하는   더 힘들게 느껴졌다.

❷ 엄마는 내게 재촉하니 / 재촉하지 말라는 말을 자주 하신다.

❸ 봄비가 마치 봄에게 빨리 오라고 재촉하니 / 재촉하는 것 같다.

❹ 빨리하라고 옆에서 재촉하면   재촉하느라 잘하던 일도 잘 안 된다.

어휘력 쑥쑥

'재촉하다'와 비슷한 말로 '다그치다'가 있어요. 둘 다 서두르도록 곁에서 몰아치는 것을 말해요. '조르다'도 비슷한 뜻이지만 느낌은 좀 다르죠?

▶ 옆에서 서두르라고 다그치니까 점점 마음이 조급해져.
▶ 짜장면이 먹고 싶다고 졸랐더니 아빠가 만들어 주셨어.

3 친구가 쓴 글
읽어 보기

오늘은 여행을 가는 날이다. 아빠가 빨리 준비하라고 옆에서 재촉하셨다. 내가 자꾸 꾸물거렸기 때문이다. 급히 뛰어가 다행히 비행기를 탈 수 있었다.

4 오늘의 단어를
활용한 글쓰기

1 다른 사람이 나에게 재촉하거나, 내가 누군가를 재촉한 경험을 써 봐요.

_____

_____

💡 숙제하라고, 씻으라고, 밥을 먹으라고, 따라오라고, 같이 놀자고, 잠을 자라고

2 누군가 나에게 재촉하면 마음이 어때요? 그리고 재촉하는 사람의 마음은 어떨 것 같아요?

_____

_____

3 재촉하는 일이 없게 하려면 어떻게 해야 할까요?

_____

_____

지도하는 학부모님께 ✉ -

아이가 글을 너무 느리게 쓰거나, 연필만 잡고 앉아서 아무것도 쓰지 않으면 아무래도 옆에서 재촉하게 돼요. "빨리 써."라는 말과 함께요. 그럴수록 글쓰기는 더욱 어려워진답니다. 재촉하기보다 잘 쓸 수 있게 적절히 질문을 던지며 이끌어 주세요.

이동하다

움직여서 자리를 옮기는 것을 말해요.

- 선생님이 음악실로 **이동하라고** 말씀하실 때는 빨리 움직여야 해.
- 차를 타고 먼 거리를 **이동할** 땐 미리 화장실에 다녀오는 게 좋아.

1 변신 단어 알아 두기

이동하여

이동하는

이동하다

이동하니

이동하면

2 알맞은 단어 고르기

둘 중 더 자연스러운 단어에 ○표를 하세요.

① 그는 북쪽으로   이동하는   이동하여   새로운 나라를 세웠다.

② 반 친구들이 다 같이   이동하니 / 이동하고   시간이 많이 걸렸다.

③ 개미들이 줄지어   이동하면 / 이동하는   모습이 신기했다.

④ 시골에서 도시로   이동하면 / 이동하고   어떤 점이 좋을까?

 어휘력 쏙쏙

'움직이다'와 '옮기다'도 '이동하다'와 비슷한 의미로 쓰여요. 다만 이동하는 것은 스스로 움직이고, 옮기는 것은 누군가가 뭔가를 움직인다는 차이가 있어요.

▶ 추울 땐 몸을 움직여야 덜 추워.
▶ 주말에 가구를 다른 위치로 옮겨야겠어.

온 가족이 바닷가에 놀러 가서 신나게 놀았다. 다 놀고 나서

밥을 먹으려고 했더니 근처에 식당이 없었다. 배고픈데

식당을 찾아 멀리까지 **이동해야** 해서 힘들었다.

엉뚱이 이야기

4 오늘의 단어를
활용한 글쓰기

1 어딘가로 가느라 먼 거리를 이동한 경험을 써 봐요.

💡 시골 할머니 댁, 제주도, 미국, 체험 학습 장소, 서울대공원, 전주 한옥마을

2 이동하면서 어떤 일이 있었어요? 또는 어떤 마음이나
생각이 들었나요?

3 먼 거리를 이동할 때 준비물이 있다면 무엇일까요? 또는
조심해야 할 것은요?

열심히 글을 쓴 친구에게 ✉

글을 쓰다 보면 갑자기 내용이 달라질 때가 있어요. 이런저런 생각이 마구 뒤엉켜서 그래요. 하지만 글쓰기를 계속
연습하면 생각이 이리저리 이동하는 일 없이 한 편의 글을 완성할 수 있어요. 그때까지 파이팅!

내달리다

힘차게 달리는 모습을 나타내는 말이에요.

- 나는 학원 수업에 늦지 않으려고 힘껏 **내달렸어.**
- 자동차도 다니는 골목에서 **내달리면** 위험해.

1 변신 단어 알아 두기

내달려	
내달리는	

내달리다

내달리니
내달린다

2 알맞은 단어 고르기

둘 중 더 자연스러운 단어에 ○표를 하세요.

❶ 흥민이는 뒤도 보지 않고 내달려 내달린 골대 앞에 도착했다.

❷ 자동차를 타고 해변 도로를 내달리니 / 내달리는 정말 상쾌했다.

❸ 형이 스키를 타고 눈 위를 내달려서 / 내달리는 모습이 보였다.

❹ 아이들은 쉬는 시간만 되면 운동장으로 내달릴까 / 내달린다 .

어휘력 쏙쏙

'내달리다'와 비슷한 말은 '내닫다'예요. 갑자기 밖이나 앞쪽으로 힘차게 달려 나가는 모습을 뜻해요.

▶ 나는 결승선을 향해 힘차게 내달았어.

▶ 놀란 사슴이 숲속으로 내닫기 시작했어.

3 친구가 쓴 글 읽어 보기

점심시간이 되었다. 나는 급식실에 가서 서둘러 점심을 먹고

운동장으로 **내달렸다**. 뒤따라온 친구들과 신나게 놀았다.

역시 점심시간이 최고로 좋다.

4 오늘의 단어를 활용한 글쓰기

1 어딘가를 힘차게 내달린 경험을 떠올려 봐요.

_____

_____

💡 학교 운동장, 바닷가, 태권도장, 공원, 광장

2 내달린 이유는 무엇이었어요?

_____

_____

3 내달릴 때 기분이 어땠나요?

_____

_____

열심히 글을 쓴 친구에게 ✉ ------------------------------------

어떤 날은 마치 꽁꽁 묶이기라도 한 듯, 연필이 종이 위에서 좀처럼 움직이지 않는 날이 있어요. 그런가 하면 어떤 날은 연필이 종이 위를 미끄러지듯 내달릴 때도 있지요. 그런 날을 위해 내달리지 못하는 날에도 꾸준히 글을 쓰는 것이 좋아요.

15

허용하다

허락해서 너그럽게 받아들이는 것을 말해요.

- 부모님이 주말에는 스마트폰으로 게임을 해도 된다고 **허용해** 주셨어.
- 아이에게 너무 많은 자유를 **허용하면** 버릇이 없어져.

1 변신 단어 알아 두기

허용하지

허용해야

허용하다

허용하는

허용했다

2 알맞은 단어 고르기

둘 중 더 자연스러운 단어에 ○표를 하세요.

❶ 아이가 손님으로 오는 것을 ┃허용하지   허용하면┃ 않는 식당도 간혹 있다.

❷ 자유란 법이 ┃허용하는 / 허용해서┃ 범위 안에서 누릴 수 있다.

❸ 규칙만 잘 지키면 자유를 어느 정도 ┃허용하고 / 허용해야┃ 한다.

❹ 밭주인은 밭에 남은 무를 가져가라고 ┃허용했으니 / 허용했다┃ .

어휘력 쏙쏙

'허용하다'는 '허락하다'와 의미가 비슷해요. 반대말은 '금지하다'예요. 우리가 생활하다 보면 허용하는 일이나 금지하는 일이 있어요. 어떤 일들이 있는지 떠올려 봐요.

▶ 밖에 나가 놀려면 선생님이 먼저 허락하셔야 해.

▶ 하루에 약속한 스마트폰 사용 시간을 어기면, 엄마가 앞으로는 아예 금지할 거라고 하셨어.

3 친구가 쓴 글 읽어 보기

엄마가 텔레비전에서 어른에게 버릇없게 구는 아이를 보시고, 저런 행동은 절대로 **허용할** 수 없다고 하셨다. 나도 혹시 저런 적이 있었나 하고 생각해 보니 다행히도 없었다.

영똥이 이야기

4 오늘의 단어를 활용한 글쓰기

1 부모님이 허용하지 않는 일에는 어떤 게 있을까요?

_____

_____

💡 집에 늦게 들어오는 것, 집 안에서 뛰어다니는 것, 숙제를 미루는 것, 동생한테 나쁜 말을 하는 것, 약속을 안 지키는 것, 유튜브 영상을 계속 보는 것

2 그 일을 허용하지 않는 이유는 무엇일까요? 그럴 때 부모님이 하시는 말씀은요?

_____

_____

3 그럴 때면 어떤 마음이 들어요?

_____

_____

지도하는 학부모님께 ✉

아이들과 글을 쓰다 보면, 부모님이 보실까 봐 아이가 솔직하게 글을 쓰지 못할 때도 있어요. 나쁜 의도가 아니거나 다른 사람을 다치게 하지만 않는다면 평소 아이들에게 폭넓게 허용해 주세요. 그래야 자유롭게 글을 쓸 수 있고 글쓰기의 진짜 의미를 깨달을 수 있답니다.

1 앞에서 배운 단어와 뜻을 알맞게 선으로 이으세요.

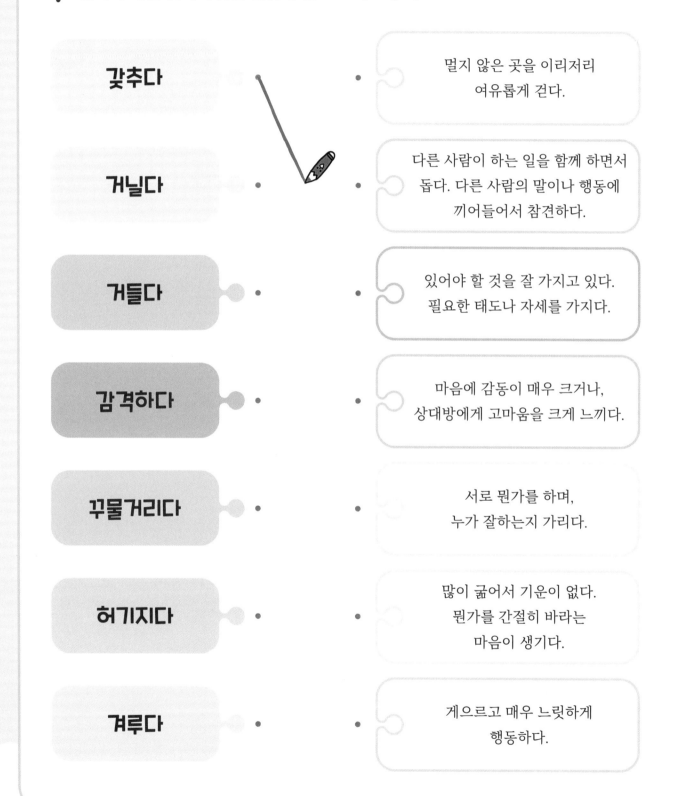

갖추다 · · 멀지 않은 곳을 이리저리 여유롭게 걷다.

거닐다 · · 다른 사람이 하는 일을 함께 하면서 돕다. 다른 사람의 말이나 행동에 끼어들어서 참견하다.

거들다 · · 있어야 할 것을 잘 가지고 있다. 필요한 태도나 자세를 가지다.

감격하다 · · 마음에 감동이 매우 크거나, 상대방에게 고마움을 크게 느끼다.

꾸물거리다 · · 서로 뭔가를 하며, 누가 잘하는지 가리다.

허기지다 · · 많이 굶어서 기운이 없다. 뭔가를 간절히 바라는 마음이 생기다.

겨루다 · · 게으르고 매우 느릿하게 행동하다.

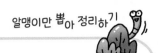

2 〈보기〉에서 알맞은 단어를 찾아 ⬚ 안에 쓰세요.

보기

| 활약하는 | 재촉하면 | 이동하는 | 저물어 |
| 허용해야 | 외면하면 | 내달린다 | 인내해야 |

❶ 날이 │ 저물어 │ 가면 하루가 다 가는 듯해서 아쉽다.

❷ 옷을 빨리 입으라고 옆에서 ⬚ 조급해서 더 늦어진다.

❸ 세계를 무대로 ⬚ 사람을 보면 부럽다.

❹ 동생이 자꾸 날 괴롭히는데 계속 ⬚ 하는 걸까?

❺ 하기 싫은 일을 자꾸 ⬚ 결국 할 수 없게 된다.

❻ 개미들이 줄지어 ⬚ 모습이 신기했다.

❼ 아이들은 쉬는 시간만 되면 운동장으로 ⬚.

❽ 규칙만 잘 지키면 자유를 어느 정도 ⬚ 한다.

안녕, 친구들!

사람이나 물건, 자연의 움직임이 아니라 상태나 성질을 나타내는 말도 있어요. 저 멀리 보이

는 산은 늠름하고, 시골 할머니가 차려 주시는 밥상은 늘 푸짐해요. 오랫동안 숨겨 온 잘

못을 털어놓으면 마음이 후련하지요. 이번 마당에서는 사물의 상태나 성질을 나타내는 말

을 배워 볼 거예요. 하나하나 천천히 배우며 세상을 보는 눈이 밝아지기를 바라요.

둘째 마당

상태나 성질을
나타내는 말

⑯ 서투르다	⑰ 겸손하다	⑱ 빈곤하다	⑲ 늠름하다	⑳ 서운하다
㉑ 따분하다	㉒ 소홀하다	㉓ 후련하다	㉔ 낯설다	㉕ 흡족하다
㉖ 난감하다	㉗ 즐비하다	㉘ 순조롭다	㉙ 푸짐하다	㉚ 찬란하다

서투르다

어떤 일에 익숙하지 않아 빈틈이 있는 것을 말해요.

● 글을 처음 쓰면 누구나 **서툴러.**

● 외국에서 오신 이모부가 우리말에 **서툴러서** 내가 대신 말했어.

---

1 변신 단어 알아 두기

서투르니

서투른

서투르다

서투르게

서툴러

---

2 알맞은 단어 고르기   둘 중 더 자연스러운 단어에 ○표를 하세요.

❶ 처음 하는 일이라   서투르면   서투르니   이해해 주기 바란다.

❷   서투르게 / 서투르고   행동하면 실수가 많아질 수밖에 없다.

❸ 처음에는   서투른 / 서투르면   일도 계속하면 익숙해진다.

❹ 나는 아홉 살까지도 젓가락질이   서투르니 / 서툴러   고생했다.

어휘력 쑥쑥

'서투르다'와 비슷한 말에는 '어설프다', '미숙하다' 등이 있어요. 다음 문장을 읽으며 의미를 파악해 보세요.

▶ 일솜씨가 어설픈 사람을 보면 마음이 안 놓여.

▶ 나는 아직 이 일에 미숙한 것 같아.

3 친구가 쓴 글 읽어 보기

나는 책상 정리에 **서투르다**. 그중에서도 책꽂이를 정리할 때가 제일 어렵다. 그래도 정리를 끝낸 뒤 깨끗해진 책상을 보면 되게 뿌듯하다.

엉뚱이 이야기

4 오늘의 단어를 활용한 글쓰기

1 여러분은 어떤 일에 서툴러요?

_____

_____

💡 글쓰기, 영어로 말하기, 신발 끈 매기, 가방 챙기기, 친구에게 먼저 말 걸기

2 서투른 이유가 뭐라고 생각하나요?

_____

_____

💡 자주 안 해 봐서, 떨려서, 억지로 해서, 배우지 않아서, 할 줄 몰라서

3 익숙해지려면 어떻게 해야 할까요?

_____

_____

💡 자주 한다, 매일 한다, 즐겁게 한다, 배워서 연습한다

지도하는 학부모님께 ✉ --------------------------------

아이가 쓴 글을 처음 읽으면 서투르다는 느낌이 들 수도 있어요. 점차 능숙해지는 과정이니 예쁘게 봐 주세요.

겸손하다

자신을 너무 내세우거나 잘난 체하지 않는 태도를 말해요.

- 할머니는 내게 항상 **겸손해야** 한다고 말씀하셨어.
- **겸손한** 사람은 다른 사람에게 미움을 받지 않아.

1 변신 단어 알아 두기

겸손하고

겸손한

겸손하다

겸손하니

겸손해야

2 알맞은 단어 고르기

둘 중 더 자연스러운 단어에 ○표를 하세요.

❶ 겸손하니 겸손하고 친절한 사람이 되자.

❷ 늘 겸손하니 / 겸손한 욕 먹을 일이 없다.

❸ 누구나 겸손한 / 겸손할 마음가짐을 가져야 한다.

❹ 벼가 익을수록 고개를 숙이듯 사람은 겸손해야 / 겸손하니 한다.

어휘력 쑥쑥

'겸손하다'와 뜻이 반대인 말은 '거만하다'예요. 잘난 체하며 남을 무시하는 태도를 말하지요.
거만하지 않고 겸손하려면 어떻게 해야 할지 생각하며 다음 문장을 읽어 보세요.

▶ 거만한 너하고는 친구 안 해!
▶ 옆 반에 거만하게 구는 애가 있는데, 보기가 안 좋아.

3 친구가 쓴 글 읽어 보기

얼마 전에 처음으로 한국사 능력 시험을 봤는데 6급을 땄다.

6급에 떨어진 친구들한테 자랑했더니 표정이 안 좋았다. 엄마

한테 이 얘기를 했더니 **겸손해야** 한다고 말씀하셨다.

영똥이 이야기

4 오늘의 단어를 활용한 글쓰기

1 겸손하지 않은 사람을 본 경험을 써 봐요.

_____

_____

💡 공부를 잘한다고 잘난 체하는 친구, 달리기에서 1등 했다고 뽐내는 형, 요리 대회에서 상을 탔다고 자랑하는 사람, 돈이 많다고 자랑하는 사람

2 그 모습을 보며 어떤 생각을 했나요?

_____

_____

💡 보기에 안 좋았다, 나는 저러지 않겠다고 생각했다

3 그렇게 생각한 이유는요?

_____

_____

💡 남들이 싫어할 것 같아서, 겸손한 게 좋으니까, 잘난 체하는 게 보기 싫어서

열심히 글을 쓴 친구에게 ✉

글을 쓸 땐 지나치게 겸손할 필요도, 잘난 체할 필요도 없어요. 글은 잘 쓰고 못 쓰는 것이 없거든요. 자신의 마음과 생각을
표현하는 것뿐이니까요. 글은 계속 쓰면 매일 실력이 조금씩 나아지니까 매일 쓰기로 해요.

빈곤하다

매우 가난해서 살기 어려운 것, 또는 어떤 생각이나 내용이 너무 부족한
상태를 말해요.

- 마음씨 착한 흥부는 **빈곤했지만** 제비의 도움으로 부자가 되었어.
- 마음이 **빈곤하면** 남을 배려하기 어려워.

1 변신 단어
알아 두기

빈곤하지

빈곤할수록

빈곤하다

빈곤한

빈곤해도

2 알맞은 단어
고르기

둘 중 더 자연스러운 단어에 ○표를 하세요.

❶ 어려운 일이 있을 때도 지혜가   빈곤하니   빈곤하지   않으면 잘
헤쳐 나갈 수 있다.

❷   빈곤한 / 빈곤하면   환경에서도 열심히 노력하면 성공할 수 있다.

❸   빈곤할수록 / 빈곤하고   가족이 하나로 뭉쳐야 잘 살 수 있다.

❹ 생활이   빈곤하고 / 빈곤해도   마음이 넉넉하면 괜찮다.

어휘력
쏙쏙

'빈곤하다'와 비슷한 말에는 '가난하다'가 있어요. 반대말은 '풍요롭다'예요. '풍요롭다'는 모든
것이 많아서 넉넉한 것을 말해요.

▶ 흥부는 가난해서 형인 놀부에게 밥을 얻으러 다녔어.
▶ 모든 게 풍요로워도 마음이 가난하면 소용없지.

3 친구가 쓴 글 읽어 보기

과학 시간에 선생님이 지구 온난화를 막을 방법을 생각해 보자고

하셨다. 아무리 고민해도 좋은 생각이 떠오르지 않았다.

나는 지혜가 **빈곤한** 것 같다.

4 오늘의 단어를 활용한 글쓰기

1 만약 빈곤하여 돈이 없다면 어떤 점이 불편할까요?

💡 배고픈 것, 사람들이 불쌍하게 보는 것, 잘 곳이 없는 것, 사고 싶은 것을 못 사는 것

2 그러면 어떻게 하는 것이 좋을까요?

💡 일을 한다, 도와달라고 한다, 먹을 것을 구하러 나간다, 돈을 빌린다

3 형편이 빈곤한 사람에게 하고 싶은 말이 있다면 써 봐요.

💡 힘내세요, 잘될 거예요, 괜찮아요, 응원할게요, 함께 노력해 봐요

열심히 글을 쓴 친구에게 ✉

글을 쓸 때 가장 중요한 건 경험이나 생각이 빈곤하지 않아야 한다는 거예요. 글은 경험이나 생각을 쓰는 거니까요. 매일 숨 쉬며 사는 것만으로도 경험이 풍요로워지니 너무 걱정하지 말아요. 생각은 책을 많이 읽을수록 더 풍요로워진답니다.

늠름하다

생김새나 태도가 의젓하고 당당한 것을 말해요.

- 광화문 광장에 서 있는 이순신 장군의 동상은 언제 봐도 **늠름해.**
- 내 동생은 항상 **늠름하고** 씩씩해.

1 변신 단어 알아 두기

늠름하고

늠름한

늠름하다

늠름하게

늠름해

2 알맞은 단어 고르기

둘 중 더 자연스러운 단어에 ○표를 하세요.

① 우리 삼촌은 항상 　늠름하면　 늠름하고　 용감하다.

② 군복을 입은 오빠가　 늠름하고 / 늠름하게 　서서 경례를 했다.

③ 언제나　 늠름하니 / 늠름한 　사람을 보면 부럽다.

④ 멀리서 본 산이 무척　 늠름해 / 늠름한 　보였다.

어휘력 쏙쏙

'늠름하다'와 비슷한 말에는 '당당하다', '의젓하다'가 있어요. 다음 문장을 읽으며 의미를 파악해 보세요.

▶ 일본인이냐고 묻는 질문에 나는 당당하게 한국인이라고 대답했어.
▶ 동생이 넘어졌는데도 울지 않는 모습이 무척 의젓해 보였어.

3 **친구가 쓴 글**
읽어 보기

온 가족이 함께 등산을 했다. 저 멀리 보이는 산봉우리가

참으로 **늠름해** 보였다. 괜히 내 어깨가 으쓱했다.

나도 저 산봉우리처럼 **늠름한** 사람이 되고 싶다.

4 **오늘의 단어를**
활용한 글쓰기

1 늠름하다고 느낀 사람이나 사물이 있나요?

_____

_____

💡 군대에서 제대하고 돌아온 삼촌, 넘어졌는데도 울지 않고 벌떡 일어난 동생, 아침마다
씩씩하게 학교에 가는 나, 밀림의 호랑이, 거대한 전함

2 그 사람이나 사물을 보고 어떤 생각을 했어요?

_____

_____

💡 멋지다, 씩씩하다, 자랑스럽다, 닮고 싶다, 훌륭하다

3 늠름한 사람이 되려면 어떻게 하면 좋을까요?

_____

_____

💡 뭐든 열심히 한다, 자신감을 갖는다, 체력을 기른다, 당당하게 행동한다

열심히 글을 쓴 친구에게 ✉ -

마음도, 생각도 늠름해지면 글도 자신 있게 쓸 수 있어요. 중요한 것은 자신감이랍니다!

서운하다

마음에 차지 않고 아쉽거나 섭섭한 상태를 뜻해요.

- 치킨이 먹고 싶은데 엄마가 안 사 주셔서 **서운했어.**
- **서운한** 일을 오래 기억하면 나만 슬퍼져.

1 변신 단어 알아 두기

서운하고

서운해서

서운하다

서운하면

서운했지만

2 알맞은 단어 고르기 둘 중 더 자연스러운 단어에 ○표를 하세요.

① 친구에게 오해를 받으니 몹시   서운하니   서운하고   속상했다.

② 너무 서운하면 / 서운하지만 눈물이 나기도 한다.

③ 우리는 그대로 헤어지기가 서운해서 / 서운하면 가까운 카페로 들어갔다.

④ 친구가 내 마음을 몰라주어 서운했지만 / 서운해서 겉으로 드러내지 않았다.

어휘력 쏙쏙

'서운하다'와 비슷한 말로 '섭섭하다', '아쉽다' 가 있어요. 셋 다 자신의 마음이 만족스럽지 않은 상태를 뜻해요.

▶ 세배를 했는데 할아버지가 세뱃돈을 안 주셔서 조금 섭섭했어.
▶ 함께 놀기로 한 진우가 못 와서 아쉽지만, 나머지 친구들과 만나서 즐겁게 놀았어.

나와 가장 친한 친구인 지민이가 민정이와 신나게 놀고 있었다.

나랑 놀 때보다 더 즐거워 보여서 괜히 서운했다. 나보다

민정이가 더 좋은 걸까?

엉뚱이 이야기

1 다른 사람에게 서운한 감정을 느낀 경험을 써 봐요.

_____

_____

💡 내 부탁을 안 들어줄 때, 나한테 신경 쓰지 않을 때, 나를 모른 체할 때

2 그때 어떻게 행동했어요?

_____

_____

💡 삐쳤다, 졸랐다, 모른 체했다, 울었다, 화냈다, 얘기했다

3 서운한 마음을 잘 달래는 방법은 무엇일까요?

_____

_____

💡 서운하다고 솔직하게 말한다, 맛있는 것을 먹는다, 좋아하는 일을 한다

열심히 글을 쓴 친구에게 ✉

혹시 누군가 여러분이 쓴 글을 읽고 부족하다고 말하더라도 너무 서운해하지 말아요. 여러분이 더 잘하기를 바라는
마음에서 한 말일 테니까요.

오늘의 단어

21

따분하다

재미없고 지루하며 답답한 상태를 말해요.

- 재미없는 영화를 끝까지 보는 건 정말 **따분해**.
- **따분한** 얘기를 계속 들으니까 하품이 났어.

1 **변신 단어**
알아 두기

따분하고

따분한

따분하다

따분하면

따분해서

2 **알맞은 단어**
고르기

둘 중 더 자연스러운 단어에 ○표를 하세요.

❶ 명상 시간이 따분하고   따분해도   지루해서 신나게 노는 상상을 했다.

❷ 할 일이 없어 따분하면 / 따분하고 밖에 나가 친구들과 놀면 된다.

❸ 이렇게 따분하고 / 따분한 책을 계속 읽어야 할까?

❹ 집에 혼자 있으면 따분하면 / 따분해서 나가고 싶다.

어휘력
쏙쏙

'따분하다'와 비슷한 말로 '지루하다'가 있어요. 반대로 따분하지 않은 것은 '흥미진진하다'라고 하지요. 따분하거나 지루했던 일과 흥미진진했던 일을 떠올려 보세요.

▶ 차를 타고 고속도로를 계속 달리는 건 정말 지루해.
▶ 오늘 진짜 흥미진진한 얘기를 들었어!

3 친구가 쓴 글 읽어 보기

책벌레인 진영이가 재밌다고 추천한 책을 읽었다. 그런데

나는 너무 지루하고 **따분했다**. 진영이는 이 책이 왜

재밌다고 한 걸까?

엉뚱이 이야기

4 오늘의 단어를 활용한 글쓰기

1 어떨 때 따분한가요?

_____

_____

💡 같은 일을 계속 반복할 때, 몇 시간째 고속도로를 달릴 때, 놀이기구를 타려고 줄 서 있을 때, 집에 혼자 있는데 할 일이 없을 때, 재미없는 책을 읽을 때

2 따분할 때는 무엇을 하면 좋을까요? 따분함을 이기는 방법을 고민해 봐요.

_____

_____

3 반대로 흥미진진한 일이나 좋아하는 일을 써 봐요.

_____

_____

열심히 글을 쓴 친구에게 ✉ -

따분한 책을 읽어 본 적이 있나요? 아마도 여러분이 관심 없는 주제를 다뤘거나 내용이 재미없었을 거예요. 그럼 다른 사람이 여러분의 글을 읽을 때 따분함을 느끼지 않으려면 어떻게 하면 좋을까요? 함께 고민해 봐요.

소홀하다

22

별것 아닌 것처럼 대하거나 크게 신경 쓰지 않는 상태를 말해요.

- 엄마가 바빠서 요즘 나에게 **소홀했다며** 미안하다고 하셨어.
- 맡은 일에 **소홀한** 건 좋지 않아.

1 변신 단어 알아 두기

소홀하여

소홀하면

소홀하다

소홀하니

소홀하게

2 알맞은 단어 고르기

둘 중 더 자연스러운 단어에 ○표를 하세요.

① 관리가 [소홀하여 소홀하면] 도둑이 들었다.

② 운동에 [소홀하고 / 소홀하니] 체력이 떨어졌다.

③ 가족이 서로에게 [소홀하면 / 소홀하고] 슬플 것 같다.

④ 엄마는 손님을 [소홀한 / 소홀하게] 대접하면 안 된다고 늘 말씀하셨다.

어휘력 쑥쑥

'소홀하게' 하는 것의 반대는 무엇일까요? 바로 '철저하게' 하는 것이랍니다. 여러분은 어떤 일을 '철저하게' 해 보았나요?

▶ 약속 시간은 철저하게 지켜야 해.

▶ 축구 경기에서 철저한 수비에 막혀 결국 지고 말았다.

3 친구가 쓴 글
읽어 보기

자물쇠를 채우는 걸 깜빡해서 자전거를 잃어버렸다. 내가 자전거

관리를 **소홀하게** 여겨 생긴 일이니 어쩔 수 없었지만

너무너무 속상했다.

엉뚱이 이야기

4 오늘의 단어를
활용한 글쓰기

1 요즘 소홀했던 일을 떠올려 봐요.

_____

_____

💡 영어 단어 외우기, 내 방 정리하기, 씻기, 운동하기

2 그 일에 소홀했던 이유는 무엇이었어요?

_____

_____

3 앞으로는 어떻게 하고 싶어요?

_____

_____

열심히 글을 쓴 친구에게 ✉ -

글 쓰는 일은 나를 돌보는 일이에요. 글에는 내 생각과 마음이 담기는데, 글을 쓰면 그걸 천천히 들여다보게 되거든요.
나 자신을 소홀하게 대하지 않으려면 글 쓰는 일에 충실해야 해요. 글쓰기가 이래서 중요하답니다.

후련하다

좋지 않던 속이 풀리거나, 뭔가 잘 안되던 것이 풀려 마음이 시원한 상태를 말해요.

- 밀린 숙제를 다 하고 나니까 정말 **후련해**.
- 거짓말한 것을 털어놓으니, 속이 **후련하게** 뚫리는 것 같아.

1 변신 단어 알아 두기

후련하고

후련한

후련하다

후련하니

후련했다

2 알맞은 단어 고르기

둘 중 더 자연스러운 단어에 ○표를 하세요.

❶ 친구와 화해했더니 후련하고 후련하면 가벼운 기분이 든다.

❷ 마음이 후련한 / 후련하니 날아갈 것만 같다.

❸ 썩은 이를 뺐더니 후련하면 / 후련한 심정이다.

❹ 차가운 물을 마시니 속이 후련하고 / 후련했다 .

어휘력 쑥쑥

'후련하다'와 비슷한 말로 '홀가분하다'가 있어요. 성가시거나 귀찮지 않고, 가볍고 편안한 느낌이 드는 것을 말해요. '답답하다'는 그 반대말이지요.

▶ 지저분한 방을 청소하니까 정말 홀가분한걸.
▶ 친구가 내 마음을 몰라주니 너무 답답해.

3 **친구가 쓴 글** 읽어 보기

내 방에는 책이 아주 많다. 안 읽는 책도 많은데 버리지 않고 두었더니, 안 그래도 방이 좁은데 더 좁은 것 같다. 엄마와 함께 정리하고 버렸더니 속이 다 **후련했다**.

엉뚱이 이야기

4 **오늘의 단어를** **활용한 글쓰기**

1 속이 후련해진 경험이 있다면 써 봐요.

💡 잘못을 고백했을 때, 지저분한 방을 청소했을 때, 친구와 화해했을 때, 숙제를 끝냈을 때

2 그때 마음이 어땠어요?

3 후련해지고 싶은 일이 더 있나요?

지도하는 학부모님께 ✉

단 몇 줄이라도 글을 쓰면 속이 후련해질 때가 있어요. 아이도 속마음을 글로 표현한답니다. 우리 어른은 아이의 마음을 다 이해하지 못해요. 그러니 글로 마음을 표현할 수 있게 도와주면 어떨까요?

낯설다

보거나 겪은 적이 없어서 익숙하지 않은 상태를 말해요.

- 익숙한 길도 밤에 보면 왠지 **낯설어**.
- **낯선** 사람이 말을 걸면 어떻게 하지?

1 변신 단어 알아 두기

낯설어

낯설었다

낯설다

낯설지

낯선

2 알맞은 단어 고르기

둘 중 더 자연스러운 단어에 ○표를 하세요.

❶ 이사 온 집이 낯설지 낯설어 밤에 잠이 오지 않았다.

❷ 처음 본 담임 선생님이 왠지 낯설지 / 낯설면 않았다.

❸ 친구가 갑자기 나한테 화를 내는 모습이 낯설고 / 낯설었다 .

❹ 낯선 / 낯설어 사람이 내게 아는 척을 했다.

어휘력 쏙쏙

'낯설다'와 비슷한 말은 '생소하다'예요. 뭔가 익숙하지 않고 어색한 것을 말하지요. '낯설다'의 반대말은 '익숙하다'예요.

▶ 새 학년이 되어 반이 바뀌니까 모든 것이 생소해.
▶ 익숙한 노래를 들으니 긴장이 스르르 풀렸어.

가족들과 놀이공원에 놀러 갔다. 오랜만에 가서 그런지 낯선 놀이기구가 무척 많았다. 하나씩 타 보니까 무척 재밌었다.

4 오늘의 단어를 활용한 글쓰기

1 낯선 상황을 마주하거나 낯선 것을 본 경험을 써 봐요.

💡 새 학기의 새로운 교실, 이사, 전학, 새로운 음식, 새로운 친구, 새로운 학원, 여행

2 그때 마음이 어땠어요? 또는 어떤 생각이 들었나요?

3 낯선 것에 익숙해지려면 어떻게 하면 좋을까요?

🏵 ≈ 🌸 🍃 ⋯ 🌸 🌿 🌷 🌱 ⁝ 🌀

열심히 글을 쓴 친구에게 ✉ -

'생각의 다양성'은 글쓰기의 기본이에요. '생각의 다양성'을 기르기 위해서는 자신을 낯선 환경에 놓아두는 게 좋아요. 매일 가던 길이 아닌 다른 길로 가 보거나 한 번도 해 보지 않은 일을 해 보는 거예요. 어때요, 작은 것부터 일단 실천해 볼까요?

흡족하다

조금도 모자란 것 없이 넉넉하고 만족스러운 상태를 말해요.

- 엄마가 만든 요리를 맛있게 먹었더니 무척 **흡족해**하셨어.
- 날이 계속 가물었는데 이번에 **흡족할** 만큼 비가 내려서 다행이야.

1 변신 단어 알아 두기

흡족하고

흡족하게

흡족하다

흡족하니

흡족한

2 알맞은 단어 고르기

둘 중 더 자연스러운 단어에 ○표를 하세요.

❶ 모든 것이 　흡족하고　 흡족하면　 부족한 것이 없었다.

❷ 마음이 　흡족한 / 흡족하니　 다 좋아 보인다.

❸ 내가 방을 깨끗이 치운 것을 보시고 엄마가 　흡족하게 / 흡족하면　 웃으셨다.

❹ 배가 부르면 　흡족하면 / 흡족한　 미소를 짓게 된다.

어휘력 쏙쏙

'흡족하다'와 비슷한 말로 '만족하다'가 있어요. 반대로 '언짢다'는 흡족하지 않은 상태를 뜻해요.

▶ 오늘 그린 그림은 정말 만족스러워.

▶ 친구가 자꾸 내 물건을 달라고 해서 언짢았어.

3 친구가 쓴 글
읽어 보기

오늘 우리 가족은 공원에서 신나게 꽃놀이를 즐겼다. 그런

다음 집에 돌아와 냉면을 주문해서 먹었다. 양도

많은 데다, 시원하고 맛있어서 무척 **흡족했다**.

4 오늘의 단어를
활용한 글쓰기

1 음식을 먹고 매우 흡족했던 경험을 써 봐요.

_____

_____

💡 뷔페, 엄마가 차려주신 밥, 급식, 배달 음식, 외식, 디저트 카페

2 어떤 점에서 흡족했나요?

_____

_____

3 음식을 만든 사람에게 뭐라고 말하고 싶어요?

_____

_____

지도하는 학부모님께 ✉ -

아이가 쓴 글을 보고 흡족하지 않다면, 틀린 맞춤법이나 비뚜름한 글씨체가 먼저 보여서일 수 있어요. 글에 꾹꾹 눌러쓴
아이의 마음과 생각부터 봐 주세요.

난감하다

이렇게 하기도, 저렇게 하기도 어려워서 해결이 쉽지 않은 것을 말해요.

- 친한 친구 둘이 싸우면 누구 편을 들어야 할지 **난감해**.
- **난감한** 상황이 닥치면 갑자기 머릿속이 하얘지는 것 같아.

1 **변신 단어** 알아 두기

난감하게

난감해서

난감하다

난감한

난감했다

2 **알맞은 단어** 고르기   둘 중 더 자연스러운 단어에 ○표를 하세요.

❶ 몸이 아픈데도 내가 학교에 가겠다고 우겨서 엄마를

   난감하고   난감하게   만들었다.

❷ 경찰 아저씨조차 어쩔 줄 몰라   난감하면 / 난감한   표정이었다.

❸ 우산이 없는데 비가 오니   난감해서 / 난감하면   일단 뛰었다.

❹ 체험 학습을 갔는데 주변에 화장실이 없어   난감하면 / 난감했다 .

어휘력 쏙쏙

'곤란하거나' '난처한' 상황을 혹시 겪어 보았나요? 둘 다 이렇게 하기도, 저렇게 하기도 어려운 난감한 상황을 뜻해요.

▶ 음, 그건 답변하기 곤란한 질문인데.
▶ 밖에서 고집부리면 엄마를 난처하게 만드는 거야.

컵라면을 먹으려고 뜨거운 물을 부었다. 조리법에는 뚜껑을 덮고

3분간 기다리라고 나와 있었다. 하지만 너무 배가 고파

일찍 뚜껑을 열었더니 덜 익어서 **난감했다**.

엉뚱이 이야기

4 오늘의 단어를 활용한 글쓰기

1 이러지도, 저러지도 못해 난감했던 상황을 써 봐요.

_____

_____

💡 숙제를 못 한 채 학교에 갔을 때, 공부하는 척하며 게임하다가 부모님께 걸렸을 때, 화장실을 못 찾았을 때, 친구가 갑자기 화를 냈을 때, 중요한 물건을 깜빡했을 때

2 그때 어떻게 했나요?

_____

_____

3 또 난감한 상황이 생기면 어떻게 하면 좋을까요?

_____

_____

열심히 글을 쓴 친구에게 ✉ -

글을 쓰다 보면 처음에 했던 생각과 달리 글이 엉뚱한 방향으로 흘러갈 때가 있어요. 그럴 때면 참 난감하지요. 처음에는 누구나 그렇답니다. 한 가지 생각을 놓치지 않고 글을 쓰는 습관이 들 때까지 계속 쓰면 돼요!

즐비하다

27

빗살처럼 빽빽하게 줄지어 늘어선 상태를 말해요.

- 맛집에 찾아갔는데 기다리는 사람들이 **즐비해서** 한참 기다렸어.
- 도시에는 큰 건물이 **즐비하게** 늘어서 있어.

1 변신 단어 알아 두기

즐비하고

즐비하게

즐비하다

즐비하니

즐비한

2 알맞은 단어 고르기

둘 중 더 자연스러운 단어에 ○표를 하세요.

① 그 숲에는 나무가   즐비하게   즐비하고   동물도 많았다.

② 책장에 새로 산 책들이   즐비한 / 즐비하니   뭐부터 읽어야 할지 모르겠다.

③ 서울에는 아파트가   즐비하게 / 즐비하고   늘어서 있다.

④ 시장에   즐비한 / 즐비하고   사람들을 보니 무척 복잡해 보인다.

어휘력 쏙쏙

잘 정돈되지 않고 뭔가 여기저기 늘어선 것을 뜻하는 '늘비하다'라는 말도 있어요. 좀 낯설게 느껴지더라도 한 번쯤 사용해 보면 어떨까요?

▶ 내 책상 위에는 이런저런 물건들이 늘비하게 놓여 있어.
▶ 산 위에서 내려다보니 아파트가 여기저기 늘비하네.

3 친구가 쓴 글 읽어 보기

엄마와 함께 시내에 나갔다. **즐비한** 건물 사이로 많은 사람들이 오갔다. 거리 주변에는 나무들도 **즐비했다.** 건물들과 나무들이 마치 나란히 줄을 선 것처럼 보였다.

4 오늘의 단어를 활용한 글쓰기

1 주변을 관찰해 보세요. 즐비하게 늘어선 것이 있나요?

_____

_____

💡 길가의 나무들, 버스 정류장에 줄 선 사람들, 줄 서서 뭔가를 기다리는 사람들,
　 화장실 앞에 줄 선 친구들

2 그 모습이 어떻게 보이나요? 또는 무엇과 비슷한가요?

_____

_____

3 여러분이 보고 싶은 '즐비한' 모습은 무엇인가요?

_____

_____

열심히 글을 쓴 친구에게 ✉

어떤 말인지도 모르면서 내용을 즐비하게 늘어놓는 것은 좋은 글이 아니에요. 짧은 글을 써도 여러분의 생각과 마음,
있었던 일이 잘 드러나면 좋은 글이랍니다.

순조롭다

어떤 일 등이 아무 탈 없이 잘 진행되는 상태를 말해요.

- 이사 갈 집의 인테리어 공사가 **순조롭게** 잘 진행되고 있대.
- **순조로운** 날이 계속 이어지니 마음이 놓여.

1 변신 단어 알아 두기

순조롭고

순조로우니

순조롭다

순조롭게

순조로운

2 알맞은 단어 고르기 둘 중 더 자연스러운 단어에 ○표를 하세요.

❶ 오늘도   순조롭고   순조롭지만   편안한 하루였다.

❷ 모든 일이   순조롭고 / 순조롭게   진행되었다.

❸ 출발이   순조로운 / 순조로우니   다 잘될 것 같다.

❹ 몇 가지 어려움은 있지만   순조로운 / 순조로우면   편이다.

어휘력 쏙쏙

어떤 일이 막힘없이 잘 진행되는 상태를 가리키는 말로 '원활하다'도 있어요. 반대로 순조롭지도, 원활하지도 않은 상태는 '어렵다'라고 하지요.

▶ 여행 준비가 원활하게 잘 되어서 다행이야.

▶ 길이 막혀서 오늘 안에 할머니 댁에 도착하기는 어려울 것 같아.

3 친구가 쓴 글 읽어 보기

우리 아파트에서는 얼마 전에 엘리베이터 교체 공사를 했다. 우리 집은 6층이라서 조금 불편했지만, 공사가 **순조롭게** 끝나서 다행이었다. 엘리베이터가 새로 설치되어서 정말 좋다.

엉뚱이 이야기

4 오늘의 단어를 활용한 글쓰기

1 최근에 순조롭게 진행되었던 일을 떠올려 써 봐요.

_____

_____

💡 게임, 공부, 가족 여행, 수학 문제 풀기, 가족 간의 대화, 함께 하는 요리

2 그 일이 순조롭게 잘 풀렸던 이유는 뭐였어요?

_____

_____

3 만약 잘 안 풀리는 어려운 일이 생기면 어떻게 해야 좋을까요?

_____

_____

열심히 글을 쓴 친구에게 ✉ -

글을 쓰다 보면 생각이 잘 안 나서 끙끙댈 때가 있을 거예요. 어떤 때는 글이 순조롭게 풀리지만 안 그럴 때도 있지요.
하지만 그런 순간이야말로 여러분이 '생각' 하게 도와주는 시간이에요. 그러니 잘 견뎌 볼까요?

푸짐하다

마음에 꽉 차도록 많고, 풍성하고 넉넉한 상황을 뜻해요.

- 이번 내 생일에는 **푸짐하게** 차린 생일상을 받았어.
- 시장에 가면 맛있는 것이 많아서 마음도 **푸짐해져**.

1 변신 단어 알아 두기

푸짐하니

푸짐할수록

푸짐하다

푸짐하게

푸짐해서

2 알맞은 단어 고르기

둘 중 더 자연스러운 단어에 ○표를 하세요.

❶ 잔칫상이 푸짐하니 푸짐하고 보는 것만으로도 좋다.

❷ 학교에서 책 선물을 푸짐하고 / 푸짐하게 준비했다.

❸ 재료가 푸짐할수록 / 푸짐하게 음식이 더 맛있게 느껴진다.

❹ 저녁상이 푸짐하면 / 푸짐해서 아주 배부르게 먹었다.

어휘력 쑥쑥

'푸짐하다'와 비슷한 말로 '풍성하다'와 '넉넉하다'가 있어요. 모두 뭔가 충분히 차 있는 상태를 나타낸답니다.

▶ 음식도, 마음도 풍성한 한가위가 되기를 바라!
▶ 주머니에 사탕이 넉넉하게 있어서 친구에게 나눠 주었어.

3 친구가 쓴 글 읽어 보기

추석을 맞아 할머니 댁에 갔다. 저녁을 먹으려고 식탁 앞에 앉았는데, 맛있는 반찬이 **푸짐하게** 놓여 있었다. 다 함께 식탁에 둘러앉아 배부르게 먹었다. 다 맛있었지만 후식으로 나온 송편이 가장 맛있었다.

4 오늘의 단어를 활용한 글쓰기

1 음식이 푸짐하게 놓인 것을 본 경험이 있나요?

💡 엄마가 열심히 차린 우리 집 식탁, 할머니 댁에서 차려 주신 밥상, 생일상, 뷔페

2 상에 음식이 푸짐하게 차려져 있으면 어떤 생각이 들어요?

3 푸짐한 상을 차려 준 사람에게 하고 싶은 말을 써 봐요.

열심히 글을 쓴 친구에게 ✉

음식이 푸짐한 것처럼 사람의 마음도 푸짐할 수 있답니다. 마음이 넉넉하고 푸짐해야 글도 잘 쓸 수 있어요. 여러분의 마음은 어떤가요?

오늘의 단어

30

찬란하다

빛깔이나 빛이 화려하고 번쩍이며 아름다운 상태, 또는 일이나 이상이 매우 훌륭한 것을 말해요.

- 한강에서 펼쳐진 불꽃 축제는 정말 **찬란했어**.
- 오색 깃발이 **찬란하게** 휘날리는 걸 봤니?

---

1 변신 단어
알아 두기

찬란하고

찬란하니

찬란하다

찬란하게

찬란한

---

2 알맞은 단어
고르기

둘 중 더 자연스러운 단어에 ○표를 하세요.

① 세종대왕은 참으로   찬란하고   찬란하니   위대한 업적을 세웠다.

② 빛이 │ 찬란한 / 찬란하니 │ 내 마음도 덩달아 환해진다.

③ 태양이 │ 찬란하게 / 찬란하고 │ 빛났다.

④ 별들이 │ 찬란한   찬란하고 │ 밤하늘을 보니 너무나도 행복했다.

 어휘력
쏙쏙

'찬란하다'처럼 '눈부시다'도 뭔가 멋지고 아름다운 모습을 뜻해요. '멋지다'도 그렇고요.
이 아름다운 단어들을 사용해 볼까요?

▶ 그림책 속 공주가 눈부시게 아름다웠다.

▶ 저녁노을은 언제 봐도 멋지다.

74

3 친구가 쓴 글 읽어 보기

헬렌 켈러에 관한 이야기를 읽었다. 그녀는 어린 시절 큰 병을 앓고 난 후 앞을 보지 못해서 늘 세상을 보고 싶어 했다. 단 3일만이라도 좋으니 **찬란한** 세상을 보게 해 달라는 글도 썼다. 이렇게 아름다운 세상을 보지 못했으니 얼마나 답답했을까?

영뚱이 이야기

4 오늘의 단어를 활용한 글쓰기

1 여러분이 본 가장 찬란했던 모습이나 광경은 뭐였어요?

💡 노을이 지는 모습, 폭죽이 터지는 모습, 불꽃놀이, 낮에 무지개가 뜬 모습

2 그 장면을 같이 보고 싶은 사람이 있나요?

3 그때의 생각이나 느낌이 어땠는지 써 봐요.

지도하는 학부모님께 ✉ -

어른들은 아이가 쓴 글을 어른의 잣대로 보기 쉽습니다. 그래서 항상 부족하게 느끼지요. 날마다 떠오르는 찬란한 태양에 점수를 매기지 않듯, 아이가 쓴 글도 감탄하는 마음으로 봐 주면 어떨까요?

둘째 마당 복습

1 앞에서 배운 단어와 뜻을 알맞게 선으로 이으세요.

서투르다 •

겸손하다 •

빈곤하다 •

늠름하다 •

서운하다 •

따분하다 •

소홀하다 •

• 매우 가난해서 살기 어렵다.
또는 어떤 생각이나 내용이
너무 부족하다.

• 어떤 일에 익숙하지 않아
빈틈이 있다.

• 마음에 차지 않고
아쉽거나 섭섭하다.

• 자신을 너무 내세우거나
잘난 체하지 않는다.

• 별것 아닌 것처럼 대하거나
크게 신경 쓰지 않는다.

• 생김새나 태도가
의젓하고 당당하다.

• 재미없고 지루하며 답답하다.

2 〈보기〉에서 알맞은 단어를 찾아 ☐ 안에 쓰세요.

보기

후련하고	푸짐해서	즐비했다	흡족한
순조롭게	찬란한	낯설게	난감했다

❶ 엄마와 시장에 갔는데 사람들이 ☐.

❷ 공원에서 놀다가 오줌이 마려웠는데, 화장실이 없어 ☐.

❸ 친구한테 사과했더니 마음이 ☐ 기분이 좋았다.

❹ 밤이 되면 이상하게 우리 동네가 ☐ 느껴진다.

❺ 우리 할머니가 차리신 밥상은 ☐ 보기만 해도 배가 부르다.

❻ 제주도 밤하늘의 ☐ 별을 계속 바라보았다.

❼ 이모의 결혼식이 ☐ 진행되어서 보기에도 좋았다.

❽ 아빠는 모형 배를 완성하고 ☐ 미소를 지으셨다.

라온오쌤의 쪽지

안녕, 친구들!

여러분에게 이름이 있는 것처럼 세상 모든 것에는 이름이 있어요. 골목처럼 눈에 보이는 것

도 있고 눈치처럼 눈에 보이지 않는 것도 있답니다. 이번에는 세상에 있는 것이라면 모두 가

지고 있는 이름을 배워 볼 거예요. 하나하나 배우면서 언제 사용하면 좋을지 익히고, 또 실제

로 사용해 보세요. 입으로 또박또박 말해 봐야 단어가 내 것이 된답니다.

세상 모든 것의
이름을 나타내는 말

③	②	③	④	⑤
꾸러미	꾀	눈치	이튿날	무렵

⑥	⑦	⑧	⑨	⑩
시절	골목	담벼락	산더미	일생

꾸러미

한데 모아 꾸려서 싼 물건이나 그 물건을 세는 단위, 또는 달걀 열 개를 묶어서 세는 단위를 말해요.

- 그 책 꾸러미는 누구 거니?
- 손님, 한 꾸러미만 가져가세요.

1 변신 단어 알아 두기

꾸러미가		꾸러미도
	꾸러미	
꾸러미를		꾸러미에

2 알맞은 단어 고르기

둘 중 더 자연스러운 단어에 ○표를 하세요.

① 오랜만에 책장을 정리했더니 버릴 책 | 꾸러미를 / 꾸러미가 | 여러 개 나왔다.

② 늦게 갔더니 사려던 물건이 한 | 꾸러미에 / 꾸러미도 | 없었다.

③ 엄마가 마트에서 달걀 한 | 꾸러미를 / 꾸러미가 | 사셨다.

④ 이 물건은 한 | 꾸러미에 / 꾸러미는 | 얼마예요?

어휘력 쑥쑥

꾸러미와 비슷한 말로 '다발'과 '뭉치'가 있어요. '다발'은 꽃이나 돈 따위를 묶은 것을 말해요. '뭉치'는 한데 뭉치거나 감은 덩어리를 말해요.

▶ 꽃 한 다발을 선물 받았더니 기분이 좋아.
▶ 열쇠 뭉치가 거기에 걸려 있었어.

3 친구가 쓴 글 읽어 보기

학원에 갔더니 선생님이 사탕 꾸러미를 나누어 주셨다.

곧 어린이날이어서 선물로 준비하신 거라고 했다.

감사하다고 인사하고 맛있게 먹었다.

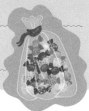

4 오늘의 단어를 활용한 글쓰기

1 어떤 꾸러미를 받아 본 적이 있는지 써 봐요.

_____

_____

💡 책, 옷, 레고, 선물, 신발, 과자

2 누가, 어떤 이유로 준 꾸러미였나요?

_____

_____

💡 엄마, 아빠, 선생님, 친구, 선물로, 나누려고, 위로하려고

3 그 꾸러미를 어떻게 했나요? 또는 그 꾸러미는 어떻게 되었나요?

_____

_____

💡 소중히 보관했다, 정리했다, 다른 사람에게 나누어 주었다, 내 방에 가져다 두었다

열심히 글을 쓴 친구에게 ✉

누구나 마음속에 생각 꾸러미가 있답니다. 거기에 모인 것을 조합하면 글을 잘 쓸 수 있어요.

오늘의 단어

32

꾀

어떤 일을 잘 꾸며 내거나, 일을 해결하는 특별한 생각 또는 방법을 말해요.

- 얕은 **꾀**는 부리지 않는 것이 좋아.
- 전래 동화에서 여우는 꾀만 부리다가 제 **꾀**에 넘어가는 동물로 나와.

---

1 **변신 단어**
알아 두기

| 꾀가 | 꾀 | 꾀로 |
| 꾀를 | | 꾀만 |

2 **알맞은 단어**
고르기

둘 중 더 자연스러운 단어에 ○표를 하세요.

❶ 뭔가 하기 싫으면 괜히 꾀가 / 꾀는 난다.

❷ 힘으로 이기려고 하기보다 꾀는 / 꾀로 이기는 것이 낫다.

❸ 공부하기 싫어서 꾀는 / 꾀를 부렸다.

❹ 엄마는 내게 꾀만 / 꾀가 부리지 말고 얼른 공부하라고
말씀하셨다.

어휘력
쏙쏙

꾀 다음에 '병'이라는 단어가 붙은 '꾀병'이라는 말도 자주 쓰여요. 실제로 아프지 않은데 아픈 척하는
것을 말해요. 그런가 하면 얕은 꾀는 '잔꾀'라고도 해요.

▶ 학교에 가기 싫어서 꾀병을 부리면 안 돼.

▶ 숙제를 안 하려고 잔꾀를 부렸다가는 엄마한테 혼나!

82

학교에 가기 싫어서 자는 척하고 꾀를 부렸다. 엄마가 일어나라고 깨우셨는데도 계속 자는 척하다가, 결국 학교에 지각했다. 앞으로는 꾀부리지 말아야지!

영뚱이 이야기

4 오늘의 단어를 활용한 글쓰기

1 언제, 어떤 상황에서 꾀를 부리고 싶었어요?

_____

_____

💡 공부할 때, 아침에 일찍 일어나야 할 때, 청소할 때, 숙제할 때

2 그래서 어떻게 행동했나요?

_____

_____

💡 최대한 뒤로 미루었다, 자는 척했다, 못 들은 척했다, 몰래 숨었다

3 결과는 어땠나요? 또는 꾀를 부린 다음 기분이 어땠어요?

_____

_____

💡 얼렁뚱땅 넘어갔다, 엄마가 봐주셨다, 선생님께 혼났다, 창피했다, 당황했다

지도하는 학부모님께 ✉ -

아이들이 글쓰기 종이를 채우려고 간혹 글씨를 크게 쓰며 꾀를 부릴 때도 있답니다. 그럴 때면 가끔은 눈감아 주세요. 그러면 글을 쓰고 싶어 하는 날에는 잘 쓸 거예요!

오늘의 단어 33

눈치

다른 사람의 마음을 상황에 맞게 알아내는 것, 또는 속으로 하는 생각이 겉으로 드러나는 어떤 태도를 뜻해요.

- 내가 **눈치**를 주는데도 그 친구는 계속 장난을 쳤어.
- 허락을 받으려면 **눈치**가 있어야 해.

1 변신 단어 알아 두기

눈치가   눈치도

눈치

눈치이다   눈치는

2 알맞은 단어 고르기   둘 중 더 자연스러운 단어에 ○표를 하세요.

① 그는 눈치를 / 눈치가 없어서 분위기 파악을 못했다.

② 병원에서 떠드니 아빠가 눈치도 / 눈치를 없느냐고 혼내셨다.

③ 삼촌에게 오늘 좋은 약속이 있는 눈치이다 / 눈치일까 .

④ 그래도 눈치는 / 눈치만 있어서 다행이다.

어휘력 쏙쏙

눈치와 비슷한 말로 '낌새'가 있어요. 어떤 일을 알아차리는 눈치, 또는 일이 되어 가는 야릇한 분위기를 말해요.

▶ 뭔가 미심쩍은 낌새가 보여.
▶ 한여름 더위가 사라질 낌새를 보이지 않아.

3 친구가 쓴 글 읽어 보기

침대에서 우유를 마시다가 이불에 쏟고 말았다. 이불을 빨아야 해서 엄마에게 **눈치가** 보였다. 하지만 다행히 크게 야단맞지 않고 넘어갔다.

엉뚱이 이야기

4 오늘의 단어를 활용한 글쓰기

1 어떤 이유로든 눈치를 보게 되었던 상황을 써 봐요.

_____

_____

💡 물을 쏟아서, 숙제를 안 해서, 친구에게 실수해서

2 그 이후에 상황이 어떻게 되었어요?

_____

_____

💡 엄마한테 혼났다, 아무 일도 없이 넘어갔다, 친구가 괜찮다고 했다

3 그때 어떤 생각을 했나요? 또는 마음이 어땠어요?

_____

_____

💡 슬프다, 다행이다, 안심이다, 기쁘다, 서럽다

열심히 글을 쓴 친구에게 ✉ -

누군가의 눈치를 보지 않고 마음껏 쓸 때 정말 자기다운 글을 쓸 수 있답니다.

이틀날

어떤 일이 있은 후 그다음 날을 말해요.

- 친구와 싸웠다가 **이틀날에** 화해했어.
- 하루 만에 복구하기에는 태풍 피해가 커서 **이틀날에도** 복구에 나섰어.

1 변신 단어 알아 두기

이틀날부터

이틀날에도

이틀날

이틀날이면

이틀날까지

2 알맞은 단어 고르기

둘 중 더 자연스러운 단어에 ○표를 하세요.

❶ 잔치가 끝난 | 이틀날부터 / 이틀날이다 | 배가 아파 병원에 갔다.

❷ 비가 내린 | 이틀날이면 / 이틀날에도 | 왠지 해가 더 쨍쨍한 것 같다.

❸ 여행 첫날에도 많이 먹었지만 | 이틀날이니 / 이틀날에도 | 끊임없이 먹었다.

❹ 영어 수업을 받은 날부터 그 | 이틀날이면 / 이틀날까지 | 단어를 다 외워야 한다.

어휘력 쏙쏙

'이틀날'과 비슷한 말로 '다음 날'을 쓸 수도 있어요. 좀 더 어려운 말로는 '익일'도 있답니다.

▶ 친구와 화해한 다음 날에 함께 떡볶이를 먹었어.

▶ H마트는 타 마트와 차별화하기 위해 익일 배송을 약속합니다.

뭔가 잘못 먹었는지 밤새 배가 아파 학교를 하루 쉬었다. 다행히 이튿날에는 다 나았다. 아픈 게 나은 건 기뻤지만 학교에 가야 한다고 생각하니 왠지 아쉬웠다.

4 오늘의 단어를 활용한 글쓰기

1 여행을 간 적이 있나요? 그 이튿날에 무엇을 했어요?

_____

_____

💡 먹기, 놀기, 걸어 다니기, 구경하기, 쇼핑하기, 헤엄치기

2 여행을 가기 전날, 첫날, 이튿날 가운데 언제가 가장 좋아요?

_____

_____

3 기억에 남는 여행에서 느낀 점을 써 봐요.

_____

_____

열심히 글을 쓴 친구에게 ✉ -

하루에 글을 많이 쓰면 팔이 아플 수도 있어요. 하지만 그 이튿날이면 다시 괜찮아져요! 그러니 걱정하지 말고 재밌는 글을 써 봐요.

무렵

35

대강 어떤 시기와 일치할 때 즈음을 가리키는 말이에요.

- 저녁 **무렵이면** 온 가족이 한자리에 모여.
- 찬 바람이 불 **무렵에는** 겨울옷을 꺼내야 해.

1 변신 단어 알아 두기

무렵부터   무렵이

무렵

무렵이어서   무렵에

2 알맞은 단어 고르기

둘 중 더 자연스러운 단어에 ○표를 하세요.

① 12시 [무렵부터 / 무렵은] 사람들이 하나둘 모여들기 시작했다.

② 해 질 [무렵이 / 무렵은] 되면 마음이 왠지 잔잔해진다.

③ 수업이 끝날 [무렵이어서 / 무렵만] 미리 책가방을 쌌다.

④ 학교에 갈 [무렵에 / 무렵은] 갑자기 배가 아파 지각했다.

어휘력 쑥쑥

'무렵'과 비슷한 말은 '즈음'이에요. 일이 어찌 될 무렵이라는 뜻이지요. 다음 문장을 읽으며 의미를 파악해 보세요.

▶ 잠이 들 즈음에 전화가 와서 깨 버렸어.
▶ 하던 일이 지루해질 즈음에는 다른 일을 하면 좋아.

3 친구가 쓴 글 읽어 보기

해 질 무렵에야 나는 집으로 돌아간다. 매일 가는 태권도 학원에서 나와 도복을 입은 채로 터벅터벅 걸어간다. 집에 가면 맛있는 음식이 날 기다린다. 그 생각을 하면 나도 모르게 걸음이 빨라진다.

엉뚱이 이야기

4 오늘의 단어를 활용한 글쓰기

1 해가 질 무렵에는 주로 무엇을 해요?

💡 집에 간다, 놀이터에서 논다, 아빠를 기다린다, 강아지와 산책한다, 집에서 숙제한다

2 다른 사람들은 해가 질 무렵에 주로 무엇을 할까요?

3 해가 질 무렵에 하고 싶은 일이 있다면 써 봐요.

열심히 글을 쓴 친구에게 ✉ -

행복한 일이 마음에 가득 찰 무렵에는 글로 쓰고 싶은 게 많아져요. 그럴 때는 서둘러 연필과 종이를 꺼내 보세요. 하고 싶은 말이 많아 글이 술술 써질 거예요.

시절

일정한 시기나 때를 뜻하는 말이에요.

- 매일 뛰어놀던 유치원 **시절이** 그리워.
- 우리 할아버지는 한국 전쟁 **시절에** 참 살기 힘드셨대.

1 변신 단어
알아 두기

시절부터

시절이다

시절

시절이나

시절을

2 알맞은 단어
고르기

둘 중 더 자연스러운 단어에 ○표를 하세요.

❶ 주희는 어린이집에 다니던 | 시절은   시절부터 | 내 친구이다.

❷ 내 동생은 어린 | 시절이나 / 시절이면 | 지금이나 똑같이 귀엽다.

❸ 벚꽃이 예뻐서 좋은 | 시절이다 / 시절부터 | .

❹ 나는 행복했던 그 | 시절에 / 시절을 | 항상 기억할 것이다.

어휘력
쑥쑥

시절과 비슷한 말로 '시기', '때'라는 단어도 있어요. 다음 문장의 단어를 '시절'로도 바꾸어 읽어
보세요. 느낌이 어떻게 다른지 살펴보고 다양한 표현을 경험해 봐요.

▶ 뚱뚱한 우리 아빠도 날씬했던 시기가 있었대.

▶ 시골에서 텃밭을 가꾸며 지냈던 때가 참 좋았지!

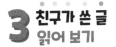

3 **친구가 쓴 글 읽어 보기**

만약에 타임머신을 타고 과거로 돌아갈 수 있다면 아기였던

시절로 돌아가고 싶다. 그땐 그냥 누워서 놀기만 해서

좋았는데 지금은 숙제가 많아서 힘들다.

사진 속 아기였던 시절이 그립다.

4 **오늘의 단어를 활용한 글쓰기**

1 가만히 앉아서 생각해 봐요. 어떤 시절이 기억에 남나요?

_____

_____

💡 아기 시절, 유치원 시절, 행복했던 시절, 공부가 재밌었던 시절, 아팠던 시절

2 그 시절이 왜 기억에 남아요? 그 이유는요?

_____

_____

3 그 시절로 돌아간다면 어떻게 하고 싶어요?

_____

_____

지도하는 학부모님께 ✉ -

지금 아이가 쓴 글은 지금 이 시절에만 쓸 수 있는 고유한 글이에요. 아이가 쓴 글을 읽고 느낀 감정을 있는 그대로
표현해 주세요. 그러면 아이도 글을 더 쓰고 싶어질 거예요.

골목

큰길에서 안쪽으로 들어가 동네 안을 이리저리 통하는 좁은 길을 말해요.

- 목줄이 풀린 강아지가 **골목으로** 달아났어.
- 예전에는 **골목에서** 아이들이 많이 뛰어놀았대.

1 변신 단어 알아 두기

골목이

골목을

골목

골목에

골목에서

2 알맞은 단어 고르기

둘 중 더 자연스러운 단어에 ○표를 하세요.

❶ 오래된 동네에 가면 | 골목으로 / 골목이 | 꼬불꼬불해서 재밌다.

❷ 저녁에 | 골목을 / 골목이 | 걷다가 친구를 만났다.

❸ 아침에 일어나 밤새 | 골목에 / 골목은 | 쌓인 눈을 치웠다.

❹ 나는 동네 | 골목에서 / 골목은 | 친구들과 숨바꼭질을 했다.

 어휘력 쑥쑥

시골 마을의 좁은 골목길을 '고샅길'이라고 해요. 고샅길을 걸으면 기분이 어떨까요? 누구랑 걸으면 좋을지 상상해 보세요.

▶ 이 모퉁이를 돌아서면 고샅길로 접어들어.
▶ 밤에는 고샅길이 위험할 수도 있어.

엄마, 아빠와 식당을 찾다가 처음 보는 **골목**으로 들어섰다.

그 골목에는 식당이 무척 많았다. 우리 가족은 그중에서

닭볶음탕 집을 골랐다. 음식이 푸짐하게 나와서

맛있게 먹었다.

영뚱이 이야기

4 **오늘의 단어를** **활용한 글쓰기**

1 골목을 걸어 본 경험을 써 봐요.

_____

_____

💡 우리 동네에서, 여행을 가서, 밥을 먹으러 가서, 시장에 가다가

2 골목의 모습은 어땠어요? 또는 골목에서 무엇을 보았나요?

_____

_____

3 골목에서 무엇을 했어요? 또 기분이 어땠나요?

_____

_____

열심히 글을 쓴 친구에게 ✉ -

골목을 걸으며 만나는 다양한 사람들과 풍경처럼, 글쓰기도 꾸준히 하다 보면 어느새 자신만의 특별한 길을 찾게 될 거예요.

담벼락

38

집이나 어떤 공간을 둘러싼 담이나 벽의 표면, 또는 담이나 벽 자체를 말해요.

- 저 한옥은 **담벼락도** 멋지네.
- 갑자기 거센 바람이 불어와 **담벼락을** 무너뜨렸어.

1 변신 단어 알아 두기

담벼락이

담벼락에

담벼락

담벼락을

담벼락에는

2 알맞은 단어 고르기

둘 중 더 자연스러운 단어에 ○표를 하세요.

❶ 벽화 마을에 가니 집집마다 | 담벼락을 / 담벼락이 | 정말 멋졌다.

❷ 그 도둑은 | 담벼락만 / 담벼락을 | 넘어 빈집에 몰래 숨어들었다.

❸ 남의 집 | 담벼락이 / 담벼락에 | 낙서하면 안 된다.

❹ 우리 학교 | 담벼락에는 / 담벼락이 | 꽃이 그려져 있다.

어휘력 쏙쏙

담벼락과 비슷한 말로 '담장'이 있어요. 집이나 공간을 둘러막기 위해 흙, 돌, 벽돌 따위로 쌓아 올린 것을 말해요.

▶ 남의 집 담장을 넘으면 안 돼.

▶ 상점의 벽과 담장에 포스터를 붙이자.

길을 가다가 우연히 어느 집의 **담벼락**을 보았다. 덩굴 식물이 벽을 타고 기어오르고 있었다. 마치 동화책에 나오는 유럽의 옛 성같이 멋있어 보였다. 엄마한테 우리 집 담벼락에도 덩굴 식물을 기르자고 해 봐야지.

4 오늘의 단어를 활용한 글쓰기

1 어디에서 담벼락을 보았나요?

_____

_____

💡 경복궁, 벽화 마을, 할머니 댁, 민속촌, 동네 성당

2 담벼락 모습이 어땠어요?

_____

_____

3 그 모습을 보고 어떤 생각을 했어요?

_____

_____

열심히 글을 쓴 친구에게 ✉ -

담벼락 위에 올라가 세상을 보듯, 넓은 마음으로 주변을 살펴보면 글로 쓰고 싶은 소재가 많이 보일 거예요!

오늘의 단어

39

산더미

물건이 많이 쌓여 있거나 어떤 일이 아주 많은 것을 뜻하는 말이에요.

- 개학이 내일인데, 방학 일기가 **산더미처럼** 밀렸지 뭐야.
- 뷔페에서 음식을 접시에 **산더미만큼** 담아 왔어.

1 **변신 단어**
알아 두기

산더미로		산더미같이
	산더미	
산더미를		산더미처럼

2 **알맞은 단어**
고르기

둘 중 더 자연스러운 단어에 ○표를 하세요.

❶ 숙제가 산더미가 / 산더미로 밀려 있어 놀지 못했다.

❷ 할머니 집 마당에는 고추가 산더미를 / 산더미같이 쌓여 있었다.

❸ 책 쌓기 놀이를 하니 책이 산더미를 / 산더미는 이루었다.

❹ 공원에 쓰레기가 산더미처럼 / 산더미가 쌓여 있었고, 고약한
   냄새도 났다.

어휘력
쏙쏙

산더미와 비슷한 말로 '태산'이 있어요. 높고 큰 산이라는 뜻인데, 산더미처럼 뭔가 매우 많은
것을 비유할 때 쓰는 표현이기도 해요.

▶ 할머니는 걱정이 태산 같다고 늘 말씀하셔.

▶ 할 일이 태산인데 잠이 들고 말았어.

생일 파티를 하고 나니 설거지가 **산더미처럼** 쌓였다. 생일 파티를 준비하느라 고생하신 엄마를 도와 설거지를 했다. 그릇이 깨끗해져서 뿌듯했고 엄마도 기뻐하셨다.

4 **오늘의 단어를 활용한 글쓰기**

1 어떤 물건이나 할 일이 산더미처럼 쌓였던 경우를 써 봐요.

_____

_____

💡 지난밤에 쌓인 눈, 숙제, 걱정, 시험공부

2 그래서 어떻게 했어요?

_____

_____

3 그랬더니 상황이 어떻게 달라졌나요? 또는 그때 마음이 어땠어요?

_____

_____

열심히 글을 쓴 친구에게 ✉ -

마음에 하고 싶은 말이 산더미처럼 쌓일 때가 있어요. 바로 그럴 때 글쓰기를 해 보세요. 마음이 후련해질 거예요.

오늘의 단어

40

일생

한 사람이 세상에 태어나서 죽을 때까지의 동안을 말해요.

- **일생** 동안 행복하다면 얼마나 좋을까?
- 위인의 **일생은** 정말 존경스러워.

---

1 변신 단어 알아 두기

일생을

일생에는

일생

일생에서

일생의

---

2 알맞은 단어 고르기

둘 중 더 자연스러운 단어에 ○표를 하세요.

❶ 위인들은 보통 한 가지 일에 │ 일생은 / 일생을 │ 바쳤다.

❷ 할아버지는 │ 일생에서 / 일생이 │ 아빠를 낳은 게 제일 잘한 일이라고 하셨다.

❸ 우리 │ 일생에는 / 일생을 │ 참 다양한 일들이 많이 일어난다.

❹ 내 │ 일생의 / 일생이 │ 큰 사건은 자전거를 타다가 넘어진 일이다.

 어휘력 쏙쏙

'일생'과 비슷한 말로 '생애', '인생'이라는 말도 있어요. 한 번쯤 들어 본 적이 있지요? 모두 한 사람이 살아가는 동안을 말해요. 여러분이 태어나서부터 지금까지 살아온 것도 일생이랍니다.

▶ 내 생애 최고의 날은 태어나서 처음으로 수영을 한 날이야!

▶ 우리 인생은 정말 멋진 것 같아.

내 **일생**에서 가장 큰 사건은 일곱 살 때 이 동네로 이사를 온 것이다. 친구들과 헤어져서 아주 많이 슬펐다. 하지만 다행히 여기에서도 금방 좋은 친구들을 만날 수 있었다.

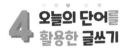

영뚱이 이야기

4 **오늘의 단어를** 활용한 **글쓰기**

1 여러분의 일생에서 가장 좋았던 사건은 뭐였어요?

_____

_____

💡 단짝이 생긴 것, 자전거를 타게 된 것, 여행을 갔던 것, 새 스마트폰을 선물 받은 것

2 일생에서 가장 나빴던 사건은요?

_____

_____

3 앞으로 남은 일생을 어떻게 살고 싶어요?

_____

_____

열심히 글을 쓴 친구에게 ✉ -

우리 일생을 기록할 수 있다는 생각을 해 본 적이 있나요? 사람은 스스로 자기 일생을 글로 남기기도 하고, 남이 대신 써 주기도 해요. 여러분은 어떻게 하고 있나요? 바로 오늘 일기를 쓰는 것도 여러분의 일생을 기록하는 방법 중 하나예요.

1 앞에서 배운 단어와 뜻을 알맞게 선으로 이으세요.

시절	다른 사람의 마음을 상황에 맞게 알아내는 것, 또는 속으로 하는 생각이 겉으로 드러나는 어떤 태도
꾀	일정한 시기나 때
눈치	어떤 일을 잘 꾸며 내거나, 일을 해결하는 특별한 생각 또는 방법
이튿날	대강 어떤 시기와 일치할 때 즈음
무렵	어떤 일이 있은 후 그다음 날
꾸러미	큰길에서 안쪽으로 들어가, 동네 안을 이리저리 통하는 좁은 길
골목	한데 모아 꾸려서 싼 물건이나 그 물건을 세는 단위, 또는 달걀 열 개를 묶어서 세는 단위

2 ＜보기＞에서 알맞은 단어를 찾아 ⬜ 안에 쓰세요.

> 보기
>
> | 일생은 | 산더미처럼 | 시절이나 | 무렵에는 |
> |---|---|---|---|
> | 골목에서 | 담벼락을 | 꾸러미에 | |

❶ 그 도둑은 ⬜ 넘어 빈집에 몰래 숨어들었다.

❷ 위인의 ⬜ 본받을 만한 점이 많은 것 같다.

❸ 할 일이 ⬜ 쌓여 있어 놀지 못했다.

❹ 나는 동네 ⬜ 친구들과 숨바꼭질을 했다.

❺ 내 동생은 어린 ⬜ 지금이나 똑같이 귀엽다.

❻ 이 물건은 한 ⬜ 얼마예요?

❼ 찬바람이 불 ⬜ 겨울옷을 꺼내야 해.

라온오쌤의 쪽지

안녕, 친구들!

'소원이 이루어졌다'보다는 '소원이 드디어 이루어졌다'가 더 간절한 느낌이 들어요. '줄넘기를 50개 했다'보다는 '줄넘기를 간신히 50개 했다'가 훨씬 더 힘겹게 느껴지는 것처럼요.

이렇게 글을 쓸 때 다른 말 앞에서 그 말의 뜻을 더 분명히 해 주는 말을 사용하면 글을 쓰는 사람의 마음과 생각, 또는 상황을 더 잘 표현할 수 있어요. 글을 읽는 사람도 더 자세히 알 수 있으니 좋지요.

뜻을 분명히 해 주는 말

④ 41 드디어	④ 42 몹시	④ 43 절대로	④ 44 간신히	④ 45 무심코
④ 46 골똘히	④ 47 뜻대로	④ 48 꼼꼼히	④ 49 한창	④ 50 즉시

오늘의 단어 41

드디어

'어떤 것이 이유가 되어 그 결과로'라는 뜻이에요.

- 어려운 퍼즐을 **드디어** 다 맞추었어!
- 우리 엄마가 **드디어** 스마트폰을 사 주셨어.

1 적절한 문장 고르기 둘 중 더 자연스러운 문장에 ○표를 하세요.

나는 드디어 줄넘기를 하지 못했다. ·················· (   )

친구 집에서 자는 일을 드디어 허락 받았다. ·············· (   )

2 단어 써넣고 문장 읽기 빈칸에 공통으로 들어갈 단어를 <보기>에서 찾아 쓰고, 문장을 꼭 소리 내어 읽어 보세요.

 보기   드디어   몹시

❶ 보고 싶던 이모가 [   ] 미국에서 오셨다.

❷ 기다리던 방학 날이 [   ] 찾아와서 정말 기뻤다.

❸ 국가대표 간에 축구 경기가 [   ] 시작되었다.

❹ [   ] 숙제가 끝나서 나가 놀 수 있었다.

 어휘력 쏙쏙

'드디어'와 비슷한 말로 '결국'이 있어요. '일의 마무리에 이르러서. 또는 일의 결과가 그렇게 돌아가게'라는 뜻이에요.

▶ 날이 흐리더니 결국 비가 왔어.

3 친구가 쓴 글 읽어 보기

몇 달 전 새로 산 문제집을 **드디어** 다 풀었다. 정말 후련했다.

다 풀면 엄마가 치킨을 사 주신다고 약속하셨는데,

맛있는 치킨을 먹을 생각에 기분이 좋아졌다.

엉뚱이 이야기

4 오늘의 단어를 활용한 글쓰기

1 드디어 이룬 일, 드디어 해낸 일을 써 봐요.

_____

_____

💡 달리기 시합에서 이기기, 책 10권 읽기, 일주일 동안 지각 안 하기, 책상 정리하기

2 그 일을 해내고 나서 어떤 마음이 들었어요?

_____

_____

💡 뿌듯했다, 행복했다, 기뻤다, 자랑스러웠다

3 그 일을 해낸 후 어떤 변화가 있었나요?

_____

_____

💡 자신감이 생겼다, 좋은 습관이 생겼다, 다른 목표를 세우게 되었다

열심히 글을 쓴 친구에게 ✉ -

뭘 쓸지 생각이 안 날 때는 글을 쓰기 싫지만, 드디어 글쓰기를 마치면 쓰길 잘했다고 생각하게 돼요. 오늘은 어떤 글을 써 볼까요?

오늘의 단어 42

몹시

'이보다 더할 수 없이 심하게'라는 뜻이에요.

- 급식을 적게 먹었더니 **몹시** 배가 고팠어.
- 모기 물린 데가 **몹시** 가려웠어.

1 적절한 문장 고르기

둘 중 더 자연스러운 문장에 ○표를 하세요.

기다리던 친구의 편지가 몹시 도착했다. ·············· (   )

친구들과 게임을 했는데 몹시 재밌었다. ·············· (   )

2 단어 써넣고 문장 읽기

빈칸에 공통으로 들어갈 단어를 〈보기〉에서 찾아 쓰고, 문장을 꼭 소리 내어 읽어 보세요.

 몹시   드디어

❶ 무엇을 잘못 먹었는지 [   ] 배가 아팠다.

❷ 친구가 내 물건을 말도 없이 써서 [   ] 화가 났다.

❸ 숙제를 계속 안 해서 엄마한테 [   ] 혼났다.

❹ 생각하지도 않았는데 눈이 내려서 [   ] 기뻤다.

 어휘력 쏙쏙

'몹시'와 비슷한 말로 '굉장히'가 있어요. 아주 크고 훌륭하거나 보통 이상으로 대단한 것을 말해요.

▶ 오늘 아빠와 함께 갔던 산은 굉장히 멋있었어.

3 친구가 쓴 글
읽어 보기

엄마가 생일 파티를 해 주셨다. 친구들이 많이 와서 **몹시** 기뻤다.

다 함께 맛있는 음식을 먹고 게임도 했다.

내년 생일도 이렇게 보내고 싶다.

4 오늘의 단어를
활용한 글쓰기

1 몹시 좋았던 경험을 써 봐요.

_____

_____

💡 원하는 일을 이룬 일, 이사 간 친구를 다시 만난 일, 놀이동산에 놀러 간 일

2 왜 좋았는지 좀 더 자세히 설명해 봐요.

_____

_____

💡 못하던 걸 하게 되어서, 친구와 같이 즐겁게 놀아서, 처음 해 보는 경험이어서

3 그 일에 대한 느낌이나 생각을 써 봐요.

_____

_____

💡 행복했다, 만족스러웠다, 기뻤다, 뿌듯했다, 신났다, 재밌었다

열심히 글을 쓴 친구에게 ✉

쓰려고 하는 말이 생각나지 않아 몹시 괴로울 때면 책을 읽어 보세요. 책을 읽다 보면 여러 가지 생각이 떠오르면서 쓰고 싶은 말이 생각날 수도 있답니다.

오늘의 단어

43

절대로

'어떤 경우에도 반드시'라는 뜻이에요.

- 나는 **절대로** 그런 행동은 안 할 거야!
- 아이가 혼자서 멀리 가는 건 **절대로** 안 돼.

1 적절한 문장 고르기

둘 중 더 자연스러운 문장에 ○표를 하세요.

우리는 절대로 싸우지 말자고 약속했다. ----------------- (　　)

오늘따라 저녁 식사가 절대로 맛있었다. ----------------- (　　)

2 단어 써넣고 문장 읽기

빈칸에 공통으로 들어갈 단어를 〈보기〉에서 찾아 쓰고, 문장을 꼭 소리 내어 읽어 보세요.

 드디어　　절대로

❶ 아빠는 [　　　] 술을 마시지 않겠다고 약속하셨다.

❷ 나는 그 일을 [　　　] 포기하지 않을 것이다.

❸ 어른들이 위험한 일은 [　　　] 안 된다고 말씀하셨다.

❹ 앞으로는 그 친구와 [　　　] 놀지 않을 것이다.

어휘력 쏙쏙

'절대로'와 비슷한 말로 '결코'가 있어요. '결코'가 쓰인 문장은 어떠한 경우에도 그렇게 하지 않거나 그렇게 되지 않을 거라는 뜻을 담고 있어요.

▶ 물과 기름은 결코 섞일 수 없어.

3 친구가 쓴 글
읽어 보기

나는 **절대로** 욕을 하지 않을 것이다. 지난번에 수정이가

나한테 욕해서 기분이 나빴다. 욕을 하면 듣는 사람의

기분이 나빠진다. 욕하지 말고 친구와 사이좋게

지내야겠다.

영뚱이 이야기

4 오늘의 단어를
활용한 글쓰기

1 절대로 하지 않을 거라고 다짐하는 일이 있다면 써 봐요.

💡 나쁜 일, 위험한 일, 엄마가 하지 말라는 것

2 그렇게 다짐하는 이유는 뭐예요?

💡 위험하니까, 옳지 않으니까, 다른 사람이 싫어하니까, 남에게 피해를 주니까

3 다짐한 대로 한다면 어떻게 될까요?

💡 나쁜 일이 안 생긴다, 서로 피해가 없다, 편안하다

❀ ≈ ❀ ◗ ⋯ ❀ ✍ ♥ ✳ ❧ ∷ ⦿

🏷️ 열심히 글을 쓴 친구에게 ✉ -

앞으로는 절대로 글을 쓰지 않을 거라고 생각한 적이 있나요? 하지만 정말 화가 나는 일, 정말 기쁜 일이 있다면 자기도
모르게 쓰게 되는 것이 글이랍니다.

오늘의 단어

44

간신히

'겨우 또는 가까스로'라는 뜻이에요.

- 줄넘기 50개를 **간신히** 했어.
- 낮잠을 자느라 학원 시간에 맞춰 **간신히** 도착했어.

---

1 적절한 문장 고르기

둘 중 더 자연스러운 문장에 ○표를 하세요.

어려운 문제를 간신히 풀었다. ------------------------ (　　　)

배가 고파서 밥을 간신히 먹었다. ------------------------ (　　　)

2 단어 써넣고 문장 읽기

빈칸에 공통으로 들어갈 단어를 〈보기〉에서 찾아 쓰고, 문장을 꼭 소리 내어 읽어 보세요.

 골똘히　　　간신히

① 무척 화가 났지만 [　　　　] 참았다.

② 가방이 무거워 집까지 [　　　　] 메고 왔다.

③ 주인공이 [　　　　] 목숨을 건지는 이야기가 흥미진진하다.

④ 낮잠을 자서 밤에 잠이 안 와 [　　　　] 잠들었다.

 어휘력 쏙쏙

'간신히'와 비슷한 말로 '가까스로'가 있어요. 어떤 일을 애써서 매우 힘들게 만들어 내는 상황을 뜻해요.

▶ 너무 웃겼지만 가까스로 웃음을 참았어.

3 친구가 쓴 글 읽어 보기

엄마와 버스를 타고 병원에 갔다. 그런데 가는 도중에 오줌이 마려웠다. 예약한 시간에 늦으면 안 되니까 간신히 참았다. 병원에 도착하자마자 화장실로 쌩하고 달려갔다.

4 오늘의 단어를 활용한 글쓰기

1 힘들지만 간신히 해낸 일을 써 봐요.

_____

_____

💡 하기 싫은 숙제, 운동장 세 바퀴 돌기, 무거운 것 옮기기, 수학 문제 풀기

2 그때 상황을 좀 더 자세히 설명해 봐요.

_____

_____

3 해내고 나니 기분이 어땠어요?

_____

_____

열심히 글을 쓴 친구에게 ✉ -

간신히 글쓰기를 마치고 나면 다시 쓰고 싶지 않을 수도 있어요. 하지만 때로는 글이 단박에 써지기도 해요. 글쓰기란 참 묘하지요?

오늘의 단어

45

무심코

'아무런 뜻이나 생각이 없이'라는 뜻이에요.

- 나는 **무심코** 목적지를 지나쳤어.
- 친구가 **무심코** 한 말에 나는 무척 화가 났어.

1 적절한 문장 고르기   둘 중 더 자연스러운 문장에 ○표를 하세요.

하루 종일 마음이 무심코 좋지 않았다. ⟶ (　　)

친구를 무심코 놀렸다가 혼나고 말았다. ⟶ (　　)

2 단어 써넣고 문장 읽기   빈칸에 공통으로 들어갈 단어를 〈보기〉에서 찾아 쓰고, 문장을 꼭 소리 내어 읽어 보세요.

 보기   무심코   뜻대로

❶ ☐ 책을 읽는 내 모습에 나 자신도 놀랐다.

❷ ☐ 공원을 걷다가 예쁜 꽃을 보았다.

❸ 친구와 ☐ 약속했다가 깜빡 잊고 말았다.

❹ ☐ 노래를 흥얼거리다 보니 학교에 도착했다.

 어휘력 쑥쑥   '무심코'와 비슷한 말로 '그저'라는 말이 있어요. '다른 일은 하지 않고 그냥' 또는 '특별한 이유나 목적 없이'라는 뜻이에요.

▶ 나는 그저 그 친구를 도와주고 싶었을 뿐이야.

축구를 하다가 **무심코** 공을 패스했다. 그런데 상대편이

중간에서 공을 낚아채 버렸다. 우리 팀에 너무 미안했다.

우리가 이겨서 그나마 다행이었다.

엉뚱이 이야기

4 오늘의 단어를
활용한 **글쓰기**

1 종종 무심코 하는 일이 있다면 써 봐요.

_____

_____

💡 길 걷기, 노래 흥얼거리기, 다리 떨기, 머리카락 꼬기, 연필 돌리기

2 그 일로 인해 어떤 결과가 생겼나요?

_____

_____

3 그 결과에 대해 어떻게 생각해요?

_____

_____

지도하는 학부모님께 ✉ -

아이가 쓴 글을 보고 무심코 지적한 것을 아이는 오래 기억할 수도 있어요. 글을 보기 전에 '오늘은 아이가 어떤 생각을
글에 담았을까'를 먼저 생각하고 그다음에 글을 본다면, 아이와 진정으로 소통할 수 있을 거예요.

46 골똘히

'한 가지 일에 온 정신을 쏟아 딴생각이 없이'라는 뜻이에요.

- 그날 내가 왜 그랬는지 **골똘히** 생각해 봤어.
- 이 문제의 답은 뭘까 **골똘히** 궁리해 봤어.

1 적절한 문장 고르기

둘 중 더 자연스러운 문장에 ○표를 하세요.

경기가 골똘히 풀리지 않았다. ─────────── (　　)

개미들이 줄지어 가는 모습을 골똘히 들여다봤다. ──── (　　)

2 단어 써넣고 문장 읽기

빈칸에 공통으로 들어갈 단어를 〈보기〉에서 찾아 쓰고, 문장을 꼭 소리 내어 읽어 보세요.

　　　골똘히　　　뜻대로

❶ 책을 읽다가 모르는 단어 뜻을 [　　　] 생각했다.

❷ 구름이 움직이는 모습을 [　　　] 바라보았다.

❸ 내 동생이 뭔가 [　　　] 생각하는 모습이 귀엽다.

❹ 엄마가 식탁에서 뭔가 [　　　] 생각하고 계신다.

 어휘력 쏙쏙

'골똘히'와 비슷한 말로 '골몰히'가 있어요. 다른 생각을 하지 않고 한 가지 일에만 파묻혀 있는 모습을 뜻해요.

▶ 가끔 뭔가 골몰히 생각하고는 해.

3 친구가 쓴 글
읽어 보기

어제 지민이가 나한테 너랑 더 이상 안 논다고 했다. 왜 그런 말을

했는지 **골똘히** 생각해 보았다. 아무리 생각해도

이유를 모르겠다. 내일 학교에 가면 꼭

물어봐야지.

4 오늘의 단어를
활용한 글쓰기

1 최근에 무엇을 골똘히 생각하거나 쳐다본 경험을 써 봐요.

💡 내가 원하는 것, 책의 내용, 누군가에게 들은 말, 하늘에 떠 가는 구름

2 골똘히 생각한 결과가 어땠어요?

3 그 일에 대한 생각이나 마음, 느낀 점을 써 봐요.

열심히 글을 쓴 친구에게 ✉

가끔은 하던 일을 멈추고 골똘히 생각하는 시간이 필요해요. 너무 바쁘면 사람은 생각하는 걸 잊어버리기도 하거든요.
생각하지 않는 사람은 글을 쓰기가 힘들답니다.

뜻대로

'하고자 마음먹은 대로'라는 뜻이에요.

- 종이접기가 **뜻대로** 되지 않아 화가 났어.
- 내 **뜻대로** 되는 일이 없어서 속상해.

1 적절한 문장 고르기

둘 중 더 자연스러운 문장에 ○표를 하세요.

계획한 일이 모두 뜻대로 되지는 않는다. ──────── (   )

학교에서 집으로 뜻대로 왔다. ──────── (   )

2 단어 써넣고 문장 읽기

빈칸에 공통으로 들어갈 단어를 <보기>에서 찾아 쓰고, 문장을 꼭 소리 내어 읽어 보세요.

 보기   한창   뜻대로

❶ 문제가 [   ] 풀리지 않아 답답했다.

❷ 다른 사람 마음을 내 [   ] 할 수는 없다.

❸ 동생은 장난감 조립이 [   ] 되지 않는다며 훌쩍거렸다.

❹ 모든 일이 [   ] 되는 게 과연 좋기만 할까?

 어휘력 쏙쏙

'뜻대로'와 비슷한 말로 '마음대로'가 있어요. '하고 싶은 대로'라는 뜻이랍니다.

▶ 축구 경기가 내 마음대로 되지 않아 속상해.

3 **친구가 쓴 글**
읽어 보기

미술 시간에 연필로 그림을 그렸는데 **뜻대로** 되지 않았다.

여러 번 지웠다가 다시 그렸더니 스케치북이

지저분해졌다. 그림은 이제 그만 그리고 싶다.

4 **오늘의 단어를**
활용한 글쓰기

1 뜻대로 되었던 일이나, 뜻대로 되지 않았던 일을 써 봐요.

_____

_____

💡 친구와 놀기, 공부, 문제 풀이, 계획을 세운 일, 책 읽기, 운동하기

2 그 결과, 마음이 어땠어요?

_____

_____

3 그 일을 다시 하고 싶은지, 그렇지 않은지 써 봐요.

_____

_____

열심히 글을 쓴 친구에게 ✉ -

글이 뜻대로 써진다면 참 좋겠지만, 써지지 않아도 실망하지 마세요. 그럴수록 더 깊이 생각하게 되어 더 좋은 글을 쓸 수
있으니까요.

꼼꼼히

48

'빈틈이 없이 차분하고 조심스럽게'라는 뜻이에요.

- 학교에 가기 전에 준비물을 **꼼꼼히** 챙기면 마음이 놓여.
- 나는 **꼼꼼히** 하는 일이 없는 것 같아.

1 적절한 문장 고르기

둘 중 더 자연스러운 문장에 ○표를 하세요.

나는 길을 꼼꼼히 걸었다. ································ (   )

우리 가족은 꼼꼼히 대청소를 했다. ··············· (   )

2 단어 써넣고 문장 읽기

빈칸에 공통으로 들어갈 단어를 〈보기〉에서 찾아 쓰고, 문장을 꼭 소리 내어 읽어 보세요.

보기   꼼꼼히   무심코

❶ 청소를 [   ] 하면 집 안이 훨씬 깨끗해진다.

❷ 어른들은 항상 책을 [   ] 읽으라고 하신다.

❸ 물건을 살 때는 [   ] 따져 보고 사야 한다.

❹ 우리 반 담임 선생님은 우리를 [   ] 챙겨 주신다.

어휘력 쑥쑥

'꼼꼼히'의 반대말은 '대충'이에요. 꼼꼼하지 못하고 그냥저냥 한다는 뜻이에요.

▶ 숙제를 대충 하면 제대로 배울 수 없어.

3 **친구가 쓴 글 읽어 보기**

> 오늘은 숲으로 현장 학습을 다녀왔다. 날씨가 더워서 시원한 물과 모자까지 **꼼꼼히** 챙겼다. 준비물을 잘 챙겨 왔더니 덜 힘들었다.

엉뚱이 이야기

4 **오늘의 단어를 활용한 글쓰기**

1 뭔가 꼼꼼히 했던 일을 떠올려 써 봐요.

_____

_____

💡 준비물 챙기기, 방 청소하기, 장난감 조립하기, 종이접기, 색점토로 만들기

2 어떻게 꼼꼼히 했는지 자세히 설명해 봐요.

_____

_____

3 그 결과를 써 봐요.

_____

_____

지도하는 학부모님께 ✉

아이가 쓴 글을 꼼꼼히 살펴보면 부족한 부분이 보이기도 해요. 그 부분에 집중하기보다는 대략적인 내용을 파악하고, 아이와 많이 대화해 보세요. 그러면 아이가 점점 더 좋은 글을 쓸 수 있게 된답니다.

한창

'어떤 일이 가장 활기 있고 잘되는 모양'이라는 뜻이에요.

- 쉬는 시간에 친구들과 **한창** 놀고 있는데, 수업이 시작해서 아쉬웠어.
- 친구와 **한창** 수다를 떠는데 엄마가 부르셨어.

1 적절한 문장 고르기

▶ 둘 중 더 자연스러운 문장에 ○표를 하세요.

한창 공부하고 있는데 배가 고팠다. ----------------- (   )

나는 빠른 걸음으로 학교에 한창 갔다. ---------------- (   )

2 단어 써넣고 문장 읽기

빈칸에 공통으로 들어갈 단어를 〈보기〉에서 찾아 쓰고, 문장을 꼭 소리 내어 읽어 보세요.

보기   한창   즉시

❶ 매미는 여름이 [   ] 무르익을 때 운다.

❷ 엄마는 우리 형제에게 [   ] 자랄 나이라며 밥을 잘 먹으라고 하신다.

❸ 학교 앞 공사가 [   ] 진행 중이다.

❹ 숙제하느라 [   ] 바쁠 때 친구가 놀러 왔다.

어휘력 쏙쏙

'한창'과 헷갈리기 쉬운 단어로 '한참'이 있어요. '한참'은 '어떤 일이 상당히 오래 일어나는 모양' 또는 '어떤 것이 일정한 기준보다 훨씬 넘게'라는 뜻이에요.

▶ 친구와 길을 한참 걸었어.

놀이터에서 친구들과 **한창** 즐겁게 놀고 있는데, 엄마가

저녁 먹으러 들어오라고 전화하셨다. 더 못 놀아서

아쉬웠지만 각자 집으로 돌아갔다.

엉뚱이 이야기

4 오늘의 단어를
활용한 글쓰기

1 뭔가 한창 활발히 일어나거나, 무르익은 모양을 본
경험이 있다면 써 봐요.

_____

_____

💡 공부하는 것, 숙제하는 것, 친구들과 노는 것, 꽃이 활짝 피는 것

2 그때 어떤 일이 생겼어요?

_____

_____

3 그 결과, 어떻게 되었나요? 또는 그때 마음이 어땠어요?

_____

_____

열심히 글을 쓴 친구에게 ✉ -

책 읽기에 한창 열중할 때 옆에서 누가 하는 말이 들리지 않듯, 글쓰기를 할 때도 마찬가지예요. 이렇게 무엇이든 푹 빠져
보는 경험은 참으로 귀하답니다.

즉시

'어떤 일이 일어나는 바로 그때에'라는 뜻이에요.

- 무슨 일이 생기면 **즉시** 부모님께 말씀드려야 해.
- 비가 내리면 **즉시** 우산을 펼쳐야 해.

---

1 **적절한 문장** 고르기

둘 중 더 자연스러운 문장에 ○표를 하세요.

할아버지가 부르시면 즉시 가야 한다. ---------------- (　　　)

졸리지 않아서 즉시 잠이 들었다. ---------------- (　　　)

---

2 **단어 써넣고** 문장 읽기

빈칸에 공통으로 들어갈 단어를 〈보기〉에서 찾아 쓰고, 문장을 꼭 소리 내어 읽어 보세요.

보기　　　　간신히　　　즉시

❶ 동생이 우는 소리가 나서 [　　　　] 달려갔다.

❷ 엄마가 밥을 차려 주시면 [　　　　] 나와서 먹어야 한다.

❸ 아빠는 식사가 끝나자마자 [　　　　] 설거지를 하신다.

❹ 친구한테 실수하면 [　　　　] 사과하는 것이 좋다.

어휘력 쏙쏙

'즉시'와 비슷한 말로 '단박에'가 있어요. '그 자리에서 바로'라는 뜻이에요.

▶ 친구 표정을 보면 단박에 기분을 알 수 있어.

3 **친구가 쓴 글** 읽어 보기

나는 아침에 일어나는 **즉시** 학교에 갈 준비를 한다. 그래야

여유 있게 밥도 먹고 책가방도 챙길 수 있기 때문이다.

그러지 않으면 허둥지둥 서둘러야 한다.

영뚱이 이야기

4 **오늘의 단어를 활용한 글쓰기**

1 학교에 다녀와서 즉시 해야 하는 일을 써 봐요.

_____

_____

💡 씻기, 학원에 가기, 숙제하기, 책가방 정리하기

2 그 일을 즉시 해야 하는 이유는 뭐예요?

_____

_____

3 만약 그 일을 즉시 하지 않으면 어떻게 될까요?

_____

_____

열심히 글을 쓴 친구에게 ✉

글을 쓴 즉시 읽으면 어색한 부분을 발견하기 어려워요. 시간이 지나서 보면 글에서 어색한 부분이 눈에 잘 띄고, 글을 썼을 때의 기분이나 마음이 새롭게 느껴져요.

1 앞에서 배운 단어와 뜻을 알맞게 선으로 이으세요.

드디어 • • 어떠한 경우에도 반드시

몹시 • • 어떤 것이 이유가 되어 그 결과로

절대로 • • 겨우 또는 가까스로

간신히 • • 이보다 더할 수 없이 심하게

무심코 • • 하고자 마음먹은 대로

골똘히 • • 아무런 뜻이나 생각이 없이

뜻대로 • • 한 가지 일에 온 정신을 쏟아 딴생각이 없이

2 〈보기〉에서 알맞은 단어를 찾아 ☐ 안에 쓰세요.

보기			
절대로	간신히	무심코	골똘히
뜻대로	꼼꼼히	한창	즉시

❶ 오늘따라 내 ☐ 되는 일이 없어 속상하다.

❷ 나는 나를 놀린 그 아이와 ☐ 놀지 않을 것이다.

❸ 물건을 살 때는 ☐ 비교해 보고 사야한다.

❹ 여름이 ☐ 무르익어서 우리는 계속 물놀이를 다녔다.

❺ 먹기 싫은 브로콜리를 ☐ 먹었다.

❻ 아침에 눈을 뜨는 ☐ 씻고 밥을 먹어야 한다.

❼ 그 문제를 어떻게 해결해야 할지 ☐ 생각했다.

❽ ☐ 한 말이 다른 사람을 기분 나쁘게 할 수도 있다.

한 걸음 더 ➕ 오늘의 단어를 엮어서 자유롭게 글쓰기

1~2개 단어는
꼭 사용하기!

오늘의 단어 ▶ 찬란하다　　골목　　거닐다　　드디어　　몹시　　감격하다

1　드디어 《바빠 초등 문해력 어휘 100》 1권을 다 끝냈다. 그동안 한 권을

다 끝낸 적이 별로 없었는데……. 몹시 감격했다.

오늘의 단어 ▶ 거들다　　눈치　　흡족하다　　늠름하다　　갖추다　　꾀

2

바빠 초등

문해력 어휘 100 정답

틀린 문제를 확인하는
습관을 들이면 공부 실력을
키울 수 있어요!

1권

① 정답을 확인한 후 틀린 문제는 ☆표를 쳐 놓으세요~

② 틀린 문제는 다시 한 번 풀어 보세요.

정답

13 이동하다 ──────── 36쪽

2 알맞은 단어 고르기

① 이동하여　② 이동하니　③ 이동하는
④ 이동하면

14 내달리다 ──────── 38쪽

2 알맞은 단어 고르기

① 내달려　② 내달리니　③ 내달리는
④ 내달린다

15 허용하다 ──────── 40쪽

2 알맞은 단어 고르기

① 허용하지　② 허용하는　③ 허용해야
④ 허용했다

첫째 마당 복습 ──────── 42~43쪽

1.

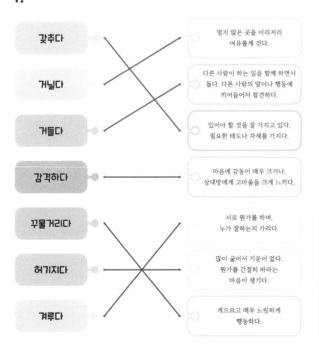

갖추다	멀지 않은 곳을 이리저리 여유롭게 걷다.
거닐다	다른 사람이 하는 일을 함께 하면서 돕다. 다른 사람의 말이나 행동에 끼어들어서 참견하다.
거들다	있어야 할 것을 잘 가지고 있다. 필요한 태도나 자세를 가지다.
감격하다	마음에 감동이 매우 크거나, 상대방에게 고마움을 크게 느끼다.
꾸물거리다	서로 뭔가를 하며, 누가 잘하는지 가리다.
허기지다	많이 굶어서 기운이 없다. 뭔가를 간절히 바라는 마음이 생기다.
겨루다	게으르고 매우 느릿하게 행동하다.

2.

① 저물어　② 재촉하면　③ 활약하는
④ 인내해야　⑤ 외면하면　⑥ 이동하는
⑦ 내달린다　⑧ 허용해야

둘째 마당

16 서투르다 ──────── 46쪽

2 알맞은 단어 고르기

① 서투르니　② 서투르게　③ 서투른　④ 서툴러

17 겸손하다 ──────── 48쪽

2 알맞은 단어 고르기

① 겸손하고　② 겸손하니　③ 겸손한
④ 겸손해야

18 빈곤하다 ──────── 50쪽

2 알맞은 단어 고르기

① 빈곤하지　② 빈곤한　③ 빈곤할수록
④ 빈곤해도

19 늠름하다 ──────── 52쪽

2 알맞은 단어 고르기

① 늠름하고　② 늠름하게　③ 늠름한　④ 늠름해

20 서운하다 ──────── 54쪽

2 알맞은 단어 고르기

① 서운하고　② 서운하면　③ 서운해서
④ 서운했지만

129

둘째 마당 복습 ──────────── 76~77쪽

1.

서투르다	매우 가난해서 살기 어렵다. 또는 어떤 생각이나 내용이 너무 부족하다.
겸손하다	어떤 일에 익숙하지 않아 빈틈이 있다.
빈곤하다	마음에 차지 않고 아쉽거나 섭섭하다.
늠름하다	자신을 너무 내세우거나 잘난 체하지 않는다.
서운하다	별것 아닌 것처럼 대하거나 크게 신경 쓰지 않는다.
따분하다	생김새나 태도가 의젓하고 당당하다.
소홀하다	재미없고 지루하며 답답하다.

2.

① 즐비했다　② 난감했다　③ 후련하고

④ 낯설게　⑤ 푸짐해서　⑥ 찬란한

⑦ 순조롭게　⑧ 흡족한

셋째 마당

셋째 마당 복습 ································· 100~101쪽

1.

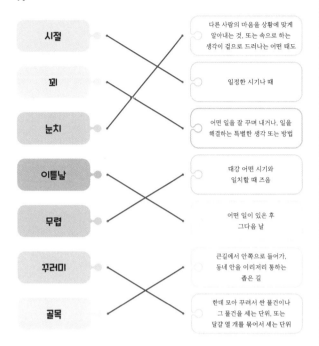

시절 ─── 다른 사람의 마음을 상황에 맞게 알아내는 것, 또는 속으로 하는 생각이 겉으로 드러나는 어떤 태도

꾀 ─── 일정한 시기나 때

눈치 ─── 어떤 일을 잘 꾸며 내거나, 일을 해결하는 특별한 생각 또는 방법

이튿날 ─── 대강 어떤 시기와 일치할 때 즈음

무렵 ─── 어떤 일이 있은 후 그다음 날

꾸러미 ─── 큰길에서 안쪽으로 들어가, 동네 안을 이리저리 통하는 좁은 길

골목 ─── 한데 모아 꾸려서 싼 물건이나 그 물건을 세는 단위, 또는 달걀 열 개를 묶어서 세는 단위

2.
1 담벼락을　2 일생은　3 산더미처럼
4 골목에서　5 시절이나　6 꾸러미에
7 무렵에는

---

46 골똘히 ──────────── 114쪽

1 적절한 문장 고르기

개미들이 줄지어 가는 모습을 골똘히 들여다봤다.

2 단어 써넣고 문장 읽기

골똘히

47 뜻대로 ──────────── 116쪽

1 적절한 문장 고르기

계획한 일이 모두 뜻대로 되지는 않는다.

2 단어 써넣고 문장 읽기

뜻대로

48 꼼꼼히 ──────────── 118쪽

1 적절한 문장 고르기

우리 가족은 꼼꼼히 대청소를 했다.

2 단어 써넣고 문장 읽기

꼼꼼히

49 한창 ──────────── 120쪽

1 적절한 문장 고르기

한창 공부하고 있는데 배가 고팠다.

2 단어 써넣고 문장 읽기

한창

50 즉시 ──────────── 122쪽

1 적절한 문장 고르기

할아버지가 부르시면 즉시 가야 한다.

2 단어 써넣고 문장 읽기

즉시

넷째 마당 복습 ──────────── 124~125쪽

1.

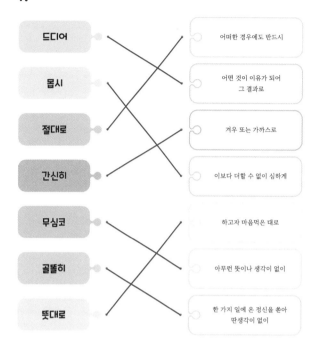

2.

❶ 뜻대로   ❷ 절대로   ❸ 꼼꼼히
❹ 한창   ❺ 간신히   ❻ 즉시
❼ 골똘히   ❽ 무심코

바빠 ᵃ시리즈 초등 학년별 추천 도서

학년	학기별 연산책 바빠 교과서 연산 학기 중, 선행용으로 추천!	나 혼자 푼다! 바빠 수학 문장제 학교 시험 서술형 완벽 대비!
1학년	·바빠 교과서 연산 1-1 ·바빠 교과서 연산 1-2	·나 혼자 푼다! 바빠 수학 문장제 1-1 ·나 혼자 푼다! 바빠 수학 문장제 1-2
2학년	·바빠 교과서 연산 2-1 ·바빠 교과서 연산 2-2	·나 혼자 푼다! 바빠 수학 문장제 2-1 ·나 혼자 푼다! 바빠 수학 문장제 2-2
3학년	·바빠 교과서 연산 3-1 ·바빠 교과서 연산 3-2	·나 혼자 푼다! 바빠 수학 문장제 3-1 ·나 혼자 푼다! 바빠 수학 문장제 3-2
4학년	·바빠 교과서 연산 4-1 ·바빠 교과서 연산 4-2	·나 혼자 푼다! 바빠 수학 문장제 4-1 ·나 혼자 푼다! 바빠 수학 문장제 4-2
5학년	·바빠 교과서 연산 5-1 ·바빠 교과서 연산 5-2	·나 혼자 푼다! 바빠 수학 문장제 5-1 ·나 혼자 푼다! 바빠 수학 문장제 5-2
6학년	·바빠 교과서 연산 6-1 ·바빠 교과서 연산 6-2	·나 혼자 푼다! 바빠 수학 문장제 6-1 ·나 혼자 푼다! 바빠 수학 문장제 6-2

'바빠 교과서 연산'과
'바빠 수학 문장제'를
함께 풀면
한 학기 수학 완성!

이번 학기 공부 습관을 만드는 첫 연산 책!

바빠 교과서 연산 2-1

"우리 아이가
끝까지 푼 책은
이 책이 처음이에요."

나 혼자 푼다
바빠 수학 문장제

빈칸을 채우면
풀이는 저절로 완성!

새로 바뀐 1학기 교과서에 맞추어
주관식부터 서술형까지 해결!

영역별 연산책 바빠 연산법
방학 때나 학습 결손이 생겼을 때~

· 바쁜 1·2학년을 위한 빠른 **덧셈**
· 바쁜 1·2학년을 위한 빠른 **뺄셈**
· 바쁜 초등학생을 위한 빠른 **구구단**
· 바쁜 초등학생을 위한
  빠른 **시계와 시간**

· 바쁜 초등학생을 위한
  빠른 **길이와 시간 계산**
· 바쁜 3·4학년을 위한 빠른 **덧셈/뺄셈**
· 바쁜 3·4학년을 위한 빠른 **곱셈**
· 바쁜 3·4학년을 위한 빠른 **나눗셈**
· 바쁜 3·4학년을 위한 빠른 **분수**
· 바쁜 3·4학년을 위한 빠른 **소수**
· 바쁜 3·4학년을 위한 빠른 **방정식**

· 바쁜 5·6학년을 위한 빠른 **곱셈**
· 바쁜 5·6학년을 위한 빠른 **나눗셈**
· 바쁜 5·6학년을 위한 빠른 **분수**
· 바쁜 5·6학년을 위한 빠른 **소수**
· 바쁜 5·6학년을 위한 빠른 **방정식**
· 바쁜 초등학생을 위한 빠른
  **약수와 배수, 평면도형 계산,
  입체도형 계산, 자연수의 혼합 계산,
  분수와 소수의 혼합 계산, 비와 비례,
  확률과 통계**

바빠 국어/ 급수한자
초등 교과서 필수 어휘와 문해력 완성!

· 바쁜 초등학생을 위한 빠른 **맞춤법 1**
· 바쁜 초등학생을 위한
  빠른 **급수한자 8급**
· 바쁜 초등학생을 위한 빠른 **독해 1, 2**

· 바쁜 초등학생을 위한 빠른 **독해 3, 4**
· 바쁜 초등학생을 위한 빠른 **맞춤법 2**
· 바쁜 초등학생을 위한
  빠른 **급수한자 7급 1, 2**

· 바쁜 초등학생을 위한
  빠른 **급수한자 6급 1, 2, 3**
· 보일락 말락~ 바빠 **급수한자판**
  + **6·7·8급 모의시험**

· 바빠 급수 시험과 어휘력 잡는
  초등 한자 총정리
· 바쁜 초등학생을 위한 빠른 **독해 5, 6**

재미있게 읽다 보면
나도 모르게
교과 지식까지 쑥쑥!

바빠 영어
우리 집, 방학 특강 교재로 인기 최고!

· 바쁜 초등학생을 위한 빠른 **알파벳 쓰기**
· 바쁜 초등학생을 위한
  빠른 **영단어 스타터 1, 2**
· 바쁜 초등학생을 위한
  빠른 **사이트 워드 1, 2**
· 바쁜 초등학생을 위한 빠른 **파닉스 1, 2**

· 전 세계 어린이들이 가장 많이 읽는
  영어동화 100편 : 명작/과학/위인동화
· 짝 단어로 끝내는 바빠 **초등 영단어**
  — **3·4학년용**
· 바쁜 3·4학년을 위한 빠른 **영문법 1, 2**
· 바빠 초등 **필수 영단어**
· 바빠 초등 **필수 영단어 트레이닝**
· 바빠 초등 **영어 교과서 필수 표현**
· 바빠 초등 **영어 일기 쓰기**

· 짝 단어로 끝내는 바빠 **초등 영단어**
  — **5·6학년용**
· 바빠 초등 **영문법 — 5·6학년용 1, 2, 3**
· 바빠 초등 **영어시제 특강 — 5·6학년용**
· 바쁜 5·6학년을 위한 빠른 **영작문**
· 바빠 초등 하루 5문장 **영어 글쓰기 1, 2**

바빠 따라 쓰기

바빠 초등 속담 + 따라 쓰기 | 12,000원

★ ★
영재 교육학 박사가 만든 속담 책!

교과서 속담으로 표현력 향상! 손 글씨는 예쁘게!

특별 부록 속담 초성 퀴즈 카드 50장

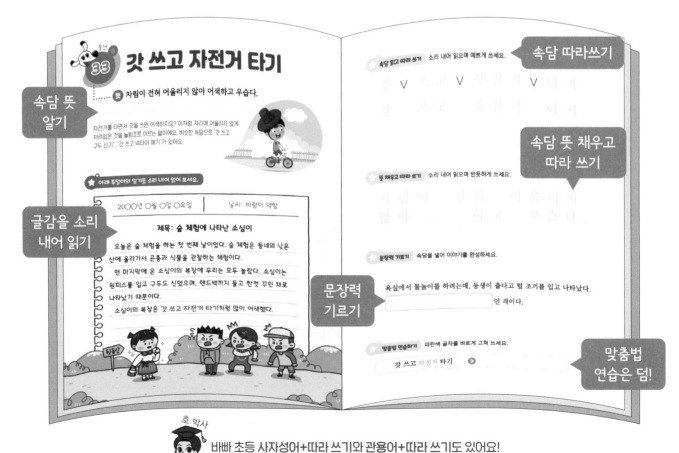

호 박사
바빠 초등 사자성어+따라 쓰기와 관용어+따라 쓰기도 있어요!